한번 시작하면
잠들 수 없는
클래식

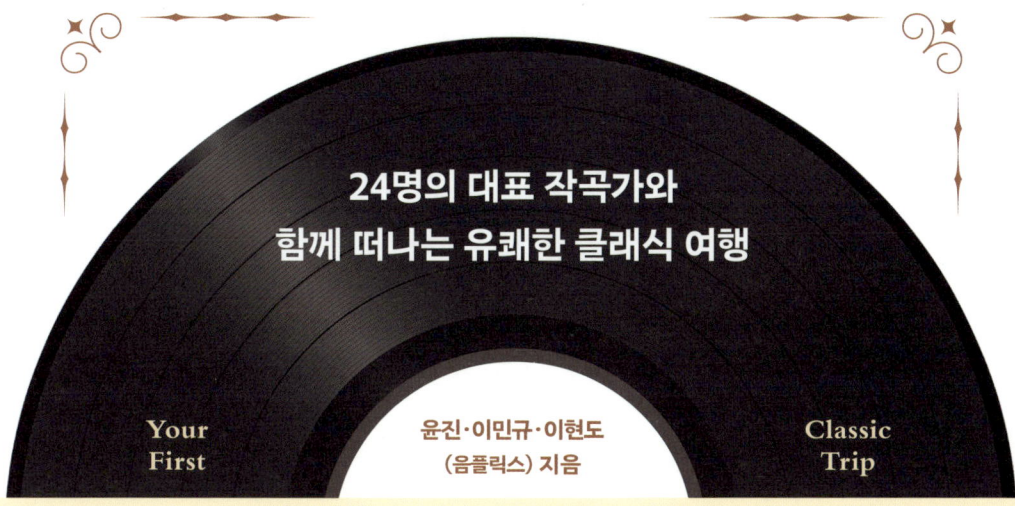

24명의 대표 작곡가와
함께 떠나는 유쾌한 클래식 여행

Your
First

윤진·이민규·이현도
(음플릭스) 지음

Classic
Trip

한번 시작하면
잠들 수 없는
클래식

빅피시
BIG FISH

음악이 일상에 스미는 순간,
세상은 믿을 수 없을 만큼 선명해진다

저는 어렸을 때 노래하는 것을 참 좋아했습니다. 주위의 칭찬을 듣고 대회에서 상을 받으며 자연스럽게 음악의 길에 들어섰지만, 정작 '공부'로 마주한 음악은 제게 큰 울림을 주지 못했습니다. 외워야 할 곡목과 복잡한 화성학, 낯선 외국어 제목들 사이에서 음악이 주는 설렘은 점점 희미해져 갔죠.

그러던 대학 시절, 배낭 하나를 메고 떠난 여행에서 인생을 바꾼 경험을 하게 됩니다. 낯선 이국의 풍경을 조금 더 깊이 느끼고 싶어, 매 순간 장소에 어울리는 클래식 음악을 찾아 들었거든요.

기차 창밖으로 끝없이 펼쳐지는 시베리아의 설원에서는 차이콥스키의 웅장한 교향곡을, 빗줄기가 쏟아지는 도시의 골목에서는 애잔한 쇼팽의 피아노곡을 재생했습니다. 그때 깨달았습니다. 음악이 풍경에 스며드는 순간, 세상은 믿을 수 없을 만큼 풍성해진다는 것을요.

여행이 끝난 뒤에도 그때 들었던 음악을 다시 틀면, 마법처럼 당시의 공기와 미묘한 감정들이 선명하게 되살아났습니다. 클래식 음악은 단순한 소리가 아니라, 과거의 아름다운 순간으로 데려다주는 하나의 '타임머신'이었습니다. 그날 이후 저는 일상의 모든 순간을 기억하고 싶은 장면으로 만들기 위해, 아름다운 클래식 음악을 찾아 헤매기 시작했습니다.

하지만 여전히 많은 사람이 클래식이라는 장르를 어렵게 느낍니다. 수백 년 전의 서양 음악이라는 거리감, 연주자들의 단정한 복장과 화려한 드레스, 거대한 공연장이 주는 압박감 때문일지도 모릅니다.

그런데 혹시 알고 있나요? 우리가 교과서와 초상화 속에서 만나는 거장들의 삶 역시 알고 보면 우리네 인생과 크게 다르지 않았다는 것을요.

그들도 사랑 때문에 밤잠을 설쳤고, 지독한 가난에 괴로워했으며, 때로는 자신의 재능을 의심하며 '천재인 척' 불안한 하루를 버텨냈습니다. 그리고 그런 인간적인 고뇌는 그들이 남긴 선율

속에 고스란히 녹아 있습니다.

저는 교육 현장에서 아이들에게 음악을 더 흥미롭게 전하기 위해, 교과서에서 다 담지 못한 음악가들의 인간적인 서사를 파헤치기 시작했습니다. 이론서의 건조한 설명 대신 그들이 어떤 마음으로 음악을 썼는지, 누구를 떠올리며 선율을 만들었는지를 들려주었을 때 아이들의 눈빛은 비로소 반짝이기 시작했습니다. 그리고 이 책은 이제 그 반짝임을 여러분과 나누기 위해 쓰였습니다.

《한번 시작하면 잠들 수 없는 클래식》은 중세와 르네상스부터 근현대까지 방대한 시대를 다루고 있지만, 반드시 첫 페이지부터 순서대로 읽을 필요는 없습니다. 마음이 복잡하고 위로가 필요한 날에는 낭만주의 작곡가의 파트를, 일상에 활력이 필요한 아침에는 경쾌한 바로크 음악의 파트를 펼쳐보세요. 각 파트에 마련된 플레이리스트는 오늘의 기분과 순간에 가장 잘 어울리는 음악을 골라주는 친절한 가이드가 되어줄 것입니다.

넷플릭스 드라마를 정주행하듯 편하게 책을 읽다 보면, 어디선가 들려오던 익숙한 멜로디의 제목을 맞히는 즐거움부터 공연장에서 졸지 않고 음악 안에 담긴 이야기를 읽어내는 짜릿함까지 경험하게 될 것입니다. 더 나아가 방대한 음악사의 흐름이 자연스럽게 머릿속에 그려지며, 수백 년의 세월을 건너 살아남은 이 음악들이 여러분의 삶을 한층 더 풍성하게 만들어줄 것입니다.

마지막으로 이 책을 통해 여러분만의 플레이리스트, 즉 '타임 머신'을 하나씩 만들어보면 어떨까요. 다양한 클래식을 알수록 세상은 더 선명해지고, 무심코 흘러가던 순간들 역시 잊지 못할 서사가 될 테니까요.

자, 이제 준비되셨나요? 당신의 일상을 더욱 또렷하게 밝혀줄《한번 시작하면 잠들 수 없는 클래식》의 세계로 여러분을 초대합니다.

— 세 명의 저자를 대표하여, 이민규

차례

PART 1. 중세·르네상스 시대

PART 2. 바로크 시대

PART 3. 고전 시대

PART 4. 전기 낭만 시대

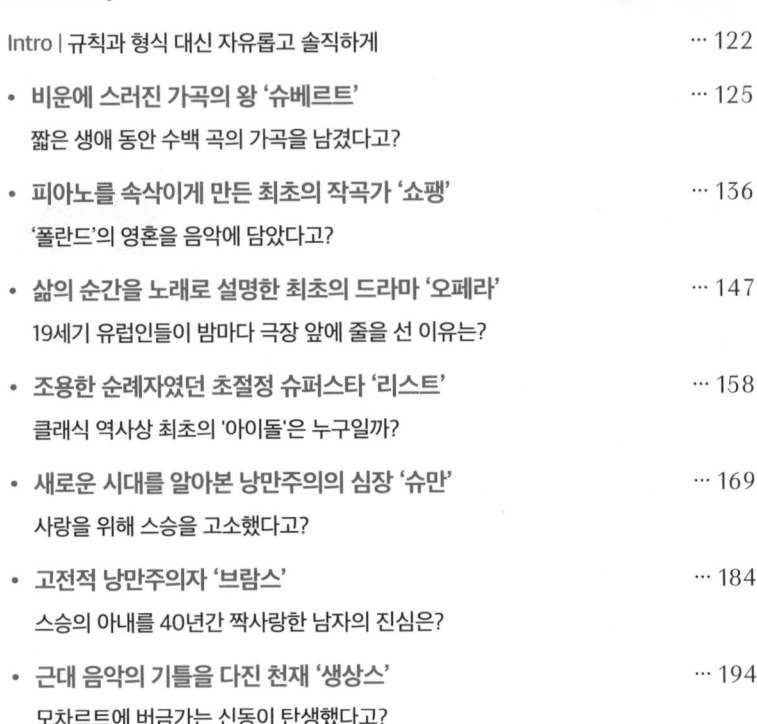

PART 5. 후기 낭만 시대

PART 6. 근현대 시대

중세·르네상스 시대

Part I. Playlist

신을 노래하던 시대에서
인간을 노래하는 시대로

중세 음악의 출발점은 바로 수도원이었습니다. 당시 유럽 사회는 로마 가톨릭교회가 모든 문화와 예술의 중심이었어요. 수도사들은 매일 같이 기도와 찬송으로 하루를 시작하고 마쳤습니다. 그런데 기도문을 읽기만 하면 너무 밋밋했겠죠. 그래서 음을 붙여 노래하기 시작했답니다.

그렇게 탄생한 것이 〈그레고리우스 성가〉입니다. 〈그레고리우스 성가〉는 단선율(하나의 멜로디만 있는 구조)로 이루어졌고, 반주 없이 부르는 것이 특징입니다. 이 단순한 노래는 신과의 교감을 위해 만들어졌기 때문에 화려함보다 경건함이 강조됐어요.

중세 초기에는 단선율 음악이 주를 이루었지만, 시간이 지나면서 여러 성부가 함께 어우러지는 다성음악Polyphony이 등장했습니다. 그리고 긴 시간에 이른 음악의 발전과 변형으로 화음이 탄생합니다.

　중세 음악이 모두 종교적이었던 것은 아니에요. 사랑과 기사도, 정치 풍자, 때로는 술과 흥겨움까지 종교적 엄숙함과는 거리가 먼 음악도 있었습니다. 12세기 프랑스 남부에서 활동했던 트루바두르들은 주로 귀족 출신이었습니다. 이들은 '궁정 사랑'을 주제로 한 시와 노래를 만들었는데, 이상적인 사랑이나 기사도의 미덕을 찬양하는 것이었죠. 프랑스 북부에서는 트루베르들이 비슷한 역할을 했습니다.

　트루바두르와 트루베르가 주로 귀족 출신이었다면, 음유시인은 그야말로 서민들의 예술가였습니다. 이들은 유럽 전역을 떠돌며 노래하고 춤추고, 심지어 곡예까지 선보이며 사람들을 즐겁게 했습니다. 농담과 재치 있는 입담을 통해 단순한 연주자가 아니라 사람들에게 기쁨과 위안을 주는 존재로 사랑받았습니다.

음악이 감정과 일상 그리고 사회 전체로

　르네상스 시대로 접어들면서 음악은 더 이상 일부 성직자만의 전유물이 아니었습니다. 이제 음악은 인간의 감정과 일상 그리고 사회 전체로 스며들며 '노래하는 인간'의 시대를 열었습니다.

　르네상스 음악의 가장 큰 변화는 여러 사람이 각자 다른 멜로디를 부르면서도, 전체적으로는 조화롭게 들리는 다성음악의 발전이었습니다. 이전 시대의 단순한 선율과는 달리 르네상스 음악은

4~5명, 때로는 그 이상이 각자 독립적인 선율을 노래했습니다.

이러한 다성음악은 성가뿐 아니라 세속음악에서도 두드러졌습니다. 프랑스의 '샹송', 이탈리아의 '마드리갈', 영국의 '발라드' 등 각국의 언어와 감성이 담긴 노래가 궁정과 도시에서 울려 퍼졌습니다. 르네상스 작곡가들은 '가사가 들려주는 이야기를 음악으로 어떻게 더 잘 표현할 수 있을까?'를 고민했습니다. 이러한 고민은 음악적 기법으로 이어졌고, 훗날 오페라 탄생의 초석이 됩니다.

또 중세에는 완전 4도, 5도, 8도 같은 화음이 주로 쓰였지만, 르네상스에 들어서면서 3도, 6도와 같은 기존에 쓰이지 않던 화음이 널리 사용됐습니다. 그 덕분에 음악은 더 풍부하고 감미로워졌죠. 이러한 발전을 거쳐 곡의 끝맺음(카덴차)이나 조성이 점차 명확해지면서 오늘날 우리가 듣는 클래식 음악의 기초가 마련됐답니다.

또 인쇄술까지 발달해 악보가 대량으로 생산되면서, 음악은 더 이상 특정 지역이나 교회, 궁정의 전유물이 아니게 됐습니다. 누구나 악보만 있다면 어디에서든 음악을 연주할 수 있게 된 것이죠. 류트, 비올, 하프시코드 등 다양한 악기가 발전하면서, 악기만으로 연주하는 음악도 점차 늘어났습니다. 이전까지는 악기가 노래를 돕는 역할에 그쳤다면, 악기 자체가 주인공이 되는 '기악곡'이 등장한 것이죠. 궁정에서는 춤을 위한 기악곡이, 도시에서는 소규모 앙상블 연주가 유행하게 됐습니다.

누구나 음악을 배울 수 있는 세상으로

귀도 다레초

'도레미'를 만든 사람은
누구일까?

음악을 기록으로
남길 수는 없을까?

악보가 존재하기 전인 11세기 초까지는 노래를 듣고 외워야만 했습니다.
그런데 이탈리아의 수도자이자 음악 교육자인 귀도 다레초가 음악을 기록하면서,
누구나 음악을 배울 수 있게 됐어요. 그는 왜 음악을 '기록'했을까요?
또 이 발명은 전 세계에 어떤 변화를 불러일으켰을까요?

아주 오래전, 교황 그레고리우스 I세는 어떻게 교회 예배를 하나의 형식으로 정리할 수 있을지 고민했습니다. 당시 유럽 전역에는 다양한 지역 교회들이 있었는데, 예배 방식은 물론 찬양과 기도문까지도 달랐습니다. 이러한 차이는 사람들에게 혼란을 주었고, 교회의 일체감을 약화시킬 수 있다는 우려도 생겼죠.

그러던 어느 날, 놀라운 일이 일어났습니다. 기도 중이던 그레고리우스 I세의 머리 위에 내려앉은 흰 비둘기가 부드러운 소리로 지금껏 들어본 적 없는 고요하고도 경건한 노래를 불러주는 것이 아니겠어요? 그레고리우스 I세는 그것이 신의 계시임을 직감했습니다. 그는 곧 선율을 받아 적기 시작했고, 비둘기를 통해 받아 적은 노래들이 바로 〈그레고리우스 성가〉의 시작이었답니다.

물론 이 이야기는 사실이 아닙니다. 당시 사람들이 음악을 얼마나 신성하게 여기고, 〈그레고리우스 성가〉가 사람들에게 어떤

마티아스 스톰이 그린 〈성 그레고리우스와 비둘기 형상의 성령〉

의미로 받아들여졌는지 엿볼 수 있는 이야기죠.

실제 〈그레고리우스 성가〉는 그레고리우스 I세가 세상을 떠난 후, 수백 년이 지나서야 붙은 이름이에요. 8세기경, 프랑크 왕국의 샤를마뉴 대제는 교회 질서와 결합해 정치적 정당성을 강화하기 위해 로마 전례와 성가를 표준으로 보급했어요. 이 과정에서 그레고리우스 I세의 이름을 딴 〈그레고리우스 성가〉라는 명칭을 붙여 권위를 더한 것이었죠. 실제로 그레고리우스 I세가 직접 작곡하거나 정리한 것은 아니라는 뜻입니다.

그렇다고 해서 그레고리우스 I세의 업적이 작다고 할 수는 없습니다. 그레고리우스 I세는 예배와 찬양의 본질에 대해 깊이 고민하던 교회 개혁가였어요. 그는 예배에서 음악은 단순한 장식이 아닌, 신에게 드리는 기도이자 신의 말씀을 전하는 중요한 수단이라고 생각했죠. 그래서 성가 음악은 지나치게 화려하거나 감정을 드러내기보다 신의 말씀을 온전히 전달할 수 있도록 조용하고 차분해야 한다고 주장했습니다. 그리고 그의 주장과 철학은 〈그레고리우스 성가〉에 고스란히 나타나게 됐지요.

〈그레고리우스 성가〉는 반주 없이 하나의 멜로디로만 이루어진 단선율 노래입니다. 모든 음이 절제된 형식 안에서 일정하게 진행되기 때문에 많은 사람이 함께 부르기 좋았고, 가사의 내용을 깊이 있게 전달하는 데도 효과적이었어요.

그레고리우스 I세가 직접 성가들을 만들지는 않았지만, 그 시대 음악의 방향을 제시했고, 그 음악들이 훗날 〈그레고리우스 성가〉라는 전통으로 이어졌답니다.

기억으로 전수되던 노래가 기록으로

이 거대한 음악 체계가 초기에는 '기억'만으로 전수됐다는 사실이 〈그레고리우스 성가〉의 놀라운 점이에요. 수도사들은 수많은 성가를 일일이 외우고, 제자들에게 노래로 가르쳐야 했습니다.

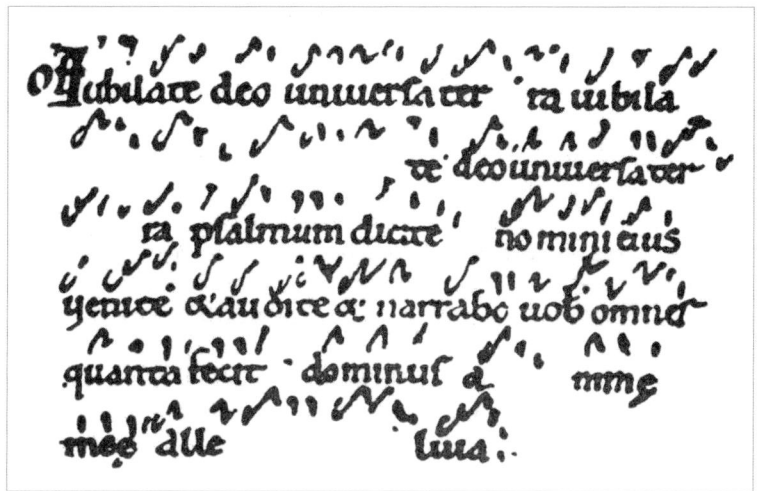

성가의 선율을 기록한 '네우마' 악보

이는 단순한 교육이 아니라, 수도 생활의 일부이자 수행이었죠.

하지만 점점 성가가 많아지고, 지역마다 부르는 방식이 조금씩 달라지자, 사람마다 성가의 선율을 각자 다르게 기억하기 시작했어요. 그러자 사람들은 생각했죠. '이 노래의 흐름을 종이에 표시해두면, 모두가 똑같이 부를 수 있지 않을까?' 그래서 생겨난 것이 바로 '네우마'입니다.

네우마는 우리가 지금 쓰고 있는 오선보처럼 정밀한 악보는 아니었어요. 노래가 높아지는지 낮아지는지, 짧게 끊어야 하는지 길게 이어야 하는지를 간단히 표시해두는 기록 정도였죠. 점, 곡선, 갈고리 모양 등의 기호로 음악의 흐름을 대략적으로 나타냈는데, 당시 성가의 선율은 비교적 단순하고 반복적이었기에 이러한 기호만으로도 노래를 부르는 데 큰 어려움이 없었습니다.

누구나 음악을 배울 수 있는 시대로

하지만 네우마만으로는 노래의 정확한 음높이를 알기 어려웠습니다. '선율이 올라간다'는 것은 알 수 있어도, 얼마나 올라가는지는 알 수 없었죠. 그래서 노래는 여전히 선배 수도사들에게 들으며 배워야 했고, 지역마다 다르게 부르는 문제도 계속됐어요. 그러던 11세기경, 음악가이자 음악 교사였던 귀도 다레초('아레초 지역 출신의 귀도'라는 뜻)가 문제를 해결하기 위해 나섰습니다.

귀도는 네 줄로 이루어진 선을 종이에 긋고, 그 위에 점을 찍어 음의 높낮이를 정확히 표시하는 방법을 고안해냈어요. 이 네 줄 악보(사선보)는 오늘날의 오선보보다 단순했지만, 세계 최초로 음의 위치를 정확히 눈으로 확인할 수 있는 실용적 기보법이었죠.

이제 사람들은 악보를 보며 어디에서 음이 올라가고 내려가는지, 어떤 높이의 소리를 내야 하는지 정확히 알 수 있었습니다. 그 덕분에 노래를 배우는 속도도 빨라졌고, 서로 다른 지역에서도 같은 노래를 같은 방식으로 부를 수 있게 됐어요.

이 발명은 중세 수도원뿐 아니라, 유럽 전역의 음악 교육 방식을 완전히 바꿔놓았습니다. 이전에는 음악을 직접 가르쳐야 했지만, 이제는 악보만 있으면 혼자 연습하고 배울 수 있는 시대가 열린 거예요.

귀도는 여기서 멈추지 않았어요. 당시 음악을 가르칠 때 가장 흔히 쓰던 〈성 요한 찬가〉의 각 소절 앞 글자를 따서, 사람들이 음악을 기억하기 쉽도록 음에 '도, 레, 미, 파, 솔, 라(Ut, Re, Mi, Fa, Sol, La)'와 같은 '이름'을 붙여주었죠. 그래서 복잡한 성가도 마치 노래 게임처럼 쉽게 외울 수 있었어요.

귀도 다레초 덕분에 이전에는 귀로 듣고 외워야만 했던 노래들을, 이제는 악보를 보고 따라 할 수 있게 됐습니다. 소리를 기

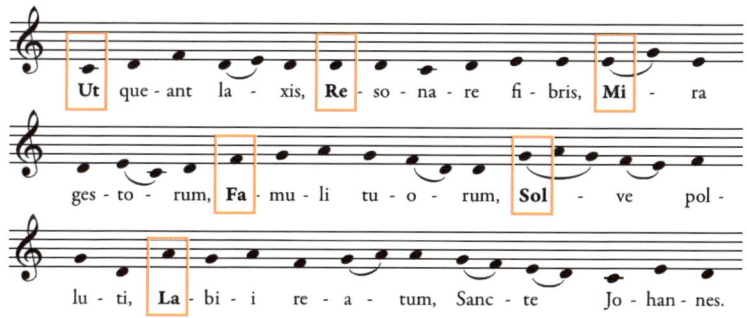

계이름의 기원이 된 〈성 요한 찬가〉의 각 구절 첫음절

록하여, 누구나 음악을 배울 수 있게 만든 것이죠. 그의 발명은 편리함을 넘어, 전 세계 사람들의 음악 교육을 완전히 바꾸어 놓은 위대한 변화였답니다.

르네상스 음악의 미켈란젤로

조스캥

다빈치가 '모나리자'를 그릴 때 듣던 음악은?

종교음악도 좋지만,
현실을 노래하는 것도
중요해.

'르네상스 음악의 미켈란젤로'라고 불리는 음악가가 있습니다.
바로 조스캥 데프레입니다. 조스캥 이전의 음악은 가사의 뜻보다 복잡한 규칙에
더 집중했습니다. 하지만 그는 처음으로 가사의 의미를 선율에 담기 시작했죠.
그는 왜 음표에 인간적인 영혼을 불어넣게 되었을까요?

"조스캥은 음들의 주인이다. 음들은 조스캥의 의지대로 해야
하지만 다른 작곡가들은 음들의 의지대로 한다."

— 마르틴 루터

16세기 유럽인들에게 음악계의 레오나르도 다빈치가 누구냐
고 묻는다면, 단번에 '조스캥 데프레'라고 대답했을 겁니다. 교황
은 조스캥을 위해 연금을 지급했고, 왕들은 서로 이 음악가를 차
지하려고 다퉜죠.

조스캥의 음악은 성당의 웅장함과 사랑의 눈물을 동시에 담
고 있답니다. 지금부터 이 천재 작곡가의 삶과 음악 속으로 떠나
볼까요?

소년 성가대원이 르네상스 스타가 되기까지

조스캥은 1450년경 프랑스 북부의 작은 마을에서 태어났습니다. 어릴 적부터 '신동' 소리를 들은 그는 캉브레 대성당 소년 성가대에 들어가게 됐습니다. 조스캥은 매일 새벽 4시에 일어나 성가를 부르며 음악적 감각을 키웠죠. 1477년에는 궁정 합창단에서 노래를 불렀고, 로마 시스티나 성당의 합창단에서 노래를 부르던 시절에는 성당 벽에 자신의 이름을 남기기도 했답니다.

그는 이후 이탈리아 밀라노의 스포르차 가문, 로마의 교황청, 프랑스와 헝가리 등 유럽 각지의 궁정과 교회에서 노래했을 뿐

시스티나 성당 벽에 새겨진 조스캥 데프레의 서명

아니라, 음악가로 활동을 넓히며 명성을 쌓았습니다.

밀라노의 스포르차 가문에서 일했을 때는 레오나르도 다빈치도 스포르차 공작의 후원 아래 활동하고 있었기에 두 예술가가 함께 만나지 않았을까 하는 추측도 존재합니다. 레오나르도 다빈치가 〈모나리자〉를 그릴 때 조스캥 음악을 들으며 작업했다고도 하죠. 과연 두 천재는 무슨 이야기를 나눴을까요?

분명한 것은 서로가 서로에게 영향을 주었다는 사실입니다. 레오나르도 다빈치가 미술에서 이룬 일을, 조스캥은 음악에서 이루었다고 평가받고 있으니까요.

예술의 깊이를 더하는 새로운 기법의 탄생

조스캥의 음악은 '다성음악'의 정수라고 할 수 있습니다. 다성음악이란, 여러 명이 각자 다른 멜로디를 동시에 부르는 음악입니다. 여러 색실이 한데 엮여서 아름다운 천을 만들어내듯, 각 성부의 목소리가 독립적으로 나면서도 전체적으로 놀라운 조화를 이루는 음악인 것이죠.

그는 특히 '모방 대위법'이라는 기법을 발전시켰습니다. 한 성부가 멜로디를 시작하면 다른 성부가 그 선율을 따라 부르며 자연스럽게 각자의 성부를 진행하는 방식이에요. 이해하기 어렵다면 '돌림 노래'를 떠올리면 됩니다. 앞사람이 부르는 선율을 시간 차이를 두고 뒤에서 따라 부르며 쫓아가는 돌림 노래 형태를 모방 대위법이라고 하죠.

조스캥의 대표곡인 〈아베 마리아, 조용한 처녀〉를 듣다 보면, 각 성부가 가사를 차례로 부르며 조화롭게 이어나가는 것을 확인할 수 있습니다.

그뿐 아니라 조스캥은 가사의 의미를 음악으로 표현하는 데 천재적인 재능을 보였습니다. 이를 '워드 페인팅Word Painting' 또는 '가사 그리기' 기법이라고 하는데요. 예를 들어 "하늘로 오르다"라는 가사에서는 음이 점점 높아지고, "눈물이 흐른다"라는 가사에서는 음이 낮아집니다.

오늘날 음악에서는 이러한 방식이 자주 사용되지만, 르네상스 시대에는 매우 혁신적인 방법이었습니다. 이 기법은 특히 그의 음악 〈수많은 후회〉에서 빛을 발합니다.

이 곡은 4성부로 구성된 짧고 단순한 노래이지만 이별의 아픔을 담은 가사를 표현하기 위해, 마치 눈물이 뚝뚝 떨어지는 듯한 음악적 효과를 연출합니다.

그래서인지 르네상스 시대에 유럽 전역에서 큰 사랑을 받았는데, 특히 스페인의 카를 5세 황제가 가장 사랑한 곡으로 궁정에서 자주 연주됐고, 후대 작곡가들이 여러 차례 변주해 다시 쓸 만큼 영향력이 큰 곡이었답니다.

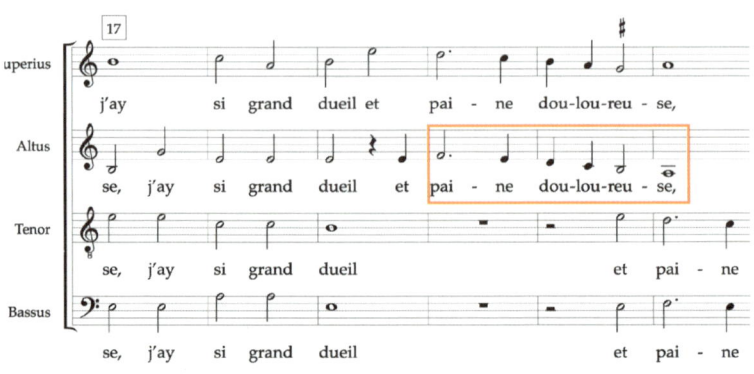

음표를 순차 하강하는 형태로 배치해 굵은 눈물이 뚝뚝 떨어지는
느낌을 표현한 조스캥의 〈수많은 후회〉 악보

조스캥은 스무 곡 가까운 미사 음악을 작곡했습니다. 특히 그
의 걸작 〈미사 혀야 노래하라〉는 중세 성가의 선율을 변주한 '패
러프레이즈 미사(변용 미사)'로, 이는 원곡인 단선율 성가의 리듬
이나 선율을 변경해서 사용하는 음악 기법이랍니다. 이해하기
어렵다면 최근 가요에서 사용되는 '샘플링' 기법을 떠올리면 됩
니다. 이 또한 원곡의 선율을 새롭게 가공하고 재배치해서 사용
하는 기법이니까요.

〈미사 혀야 노래하라〉에서 원곡 선율은 각 성부에서 전체 혹
은 부분적으로 등장하며 하나의 음악을 완성하는데, 여러 성부가
마치 대성당의 스테인드글라스처럼 빛나는 조화를 이룬답니다.

조스캥은 신의 말씀을 명확히 전달하기 위해, 복잡하게 얽히

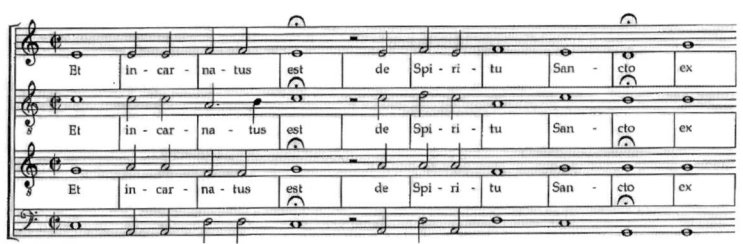

모든 성부가 같은 가사와 리듬을 노래하는 〈미사 혀야 노래하라〉 중에서

는 성부 진행 속에서도 가사가 또렷하게 들리도록 했어요. 특히 "Et incarnatus est(성령으로 임하여 육신을 입으시고)" 부분에서는 모든 성부가 같은 리듬으로 노래해 신비로운 순간을 강조하면서도 가사가 잘 들리게 연출했답니다.

다성음악 시대에 각 성부가 독립적으로 노래하지 않고, 모든 성부가 가사 전달을 위해 동시에 노래하는 것은 획기적인 일이었답니다. 그야말로 워드 페인팅의 대가다운 면모죠.

종교와 현실을 모두 노래하며 '브랜드'가 된 음악가

1501년, 베네치아 출판업자 오타비아노 페트루치는 인쇄술로 음악계를 발칵 뒤집어 놓습니다. 당시 악보는 손으로 일일이 베껴야 해서 비쌌지만, 그는 금속 활자를 이용해 악보를 대량으로 찍어낼 수 있었죠.

페트루치가 처음으로 선택한 작곡가는 바로 조스캥이었습니다. 페트루치는 조스캥의 미사곡을 모아 전집으로 출판했는데, 이는 역사상 최초의 단일 작곡가 악보집이었답니다.

단숨에 베스트셀러가 된 이 책은 조스캥을 하나의 '브랜드'로 만들었습니다. 그의 악보는 인쇄 기술의 발달로 유럽 전역으로 퍼졌고, 심지어 가짜 조스캥 곡까지 넘쳐났습니다. 그의 이름만 붙이면 악보가 잘 팔렸기 때문에 프랑스 출판사들은 무명 작곡가의 곡에 조스캥의 이름을 붙여 팔기도 한 것이죠.

오늘날 조스캥의 작품이 400곡 이상 전해지지만, 실제 그의 작품은 약 200곡밖에 되지 않는다고 해요. 어쨌거나 16세기 유럽의 바이럴 마케팅 덕분에 500년이 지난 지금의 우리도 그의 이름을 기억할 수 있게 됐습니다.

르네상스 시대에는 사랑, 우정, 삶의 기쁨과 슬픔을 담은 세속 다성음악을 '샹송(Chanson, 프랑스어로 '노래'라는 뜻)'이라고 불렀습니다. 조스캥은 미사 음악뿐 아니라 세속음악도 많이 작곡했는데, 특히 그의 샹송은 오늘날에도 연주되는 명곡으로 남아 있죠.

조스캥의 세속음악은 사랑뿐 아니라, 현실적인 고민과 유머까지 담았답니다. 대표적인 곡이 〈돈 없으면〉이라는 샹송으로, 이 곡의 첫 가사는 이렇게 시작합니다.

활자를 사용해 인쇄한 조스캥 상송 악보

"돈이 없으면 슬픔뿐, 수많은 괴로움의 원인이네."

공감이 가는 가사죠? 이 곡은 단순히 돈 없는 서러움을 한탄하는 것에서 그치지 않고 돈이 없으면 사랑과 우정, 심지어 음악까지 힘들어진다는 메시지를 반복되는 선율과 경쾌한 리듬으로 유머러스하게 풀어냅니다.

이 곡은 한 귀족이 조스캥에게 의뢰한 곡으로, 귀족이 곡 값을 선불로 주겠다고 하자 조스캥이 천천히 만들다가 나중에 후불로 주겠다고 하자 이전보다 훨씬 빠르게 완성했다는 일화도 전해집니다. 평소에도 현실적이고 유머 감각이 넘치던 조스캥의 모습이 그려지는 듯합니다.

조스캥의 샹송은 이전 세대의 복잡한 형식을 벗어나 더 자유롭고 자연스러운 구조로 발전했습니다. 모든 성부가 동등하게 중요한 역할을 할 수 있도록 만들었고, 각 성부가 서로 모방하며 이어지는 모방 대위법을 세속음악에도 적극적으로 도입했습니다.

다성음악의 기법과 예술적 깊이를 놓치지 않고 워드 페인팅 기법까지 자유롭게 활용한 조스캥의 세속음악은 후대 작곡가들에게 큰 영향을 미쳤답니다.

추천 플레이리스트 ━━━━━━━━━━━━━━━━━━━━━━━━━●━━━━━━━━━━━━━━━━━━━━━━━━

- 각 성부가 가사를 차례로 부르며 진행되는 모방 대위법의 정수를 보여주는 〈**아베 마리아, 조용한 처녀**〉
- 이별의 아픔을 담은 가사가 음악적 효과로 표현된 〈**수많은 후회**〉
- 중세 성가의 선율을 변주한 패러프레이즈 미사인 〈**미사 혀야 노래하라**〉 중 '**키리에**'
- 일상의 이야기를 담은 조스캥의 세속음악으로 현실적인 고민과 유머를 담은 〈**돈 없으면**〉

교황청은 왜
음악을 금지하려 했을까?

음악의 목적은
신의 영광을 아름답게
표현하는 거야.

거대한 종교적 변화가 있던 16세기 중반, 팔레스트리나는 큰 목소리를
내지 않았습니다. 그 대신 음악이라는 언어로 조용히 세상을 변화시켰고,
교회음악의 아름다움과 신성함을 지켜냈죠. 고요한 그의 음악이
지금 이 순간까지도 우리에게 따뜻한 위로로 다가오는 이유는 무엇일까요?

　고요한 성당 안에서 조용히 기도를 드리고 있다고 상상해 보세요. 스테인드글라스를 통해 부드럽게 스며든 빛이 천천히 벽을 타고 내려옵니다. 어디선가 성가대의 맑고 차분한 노랫소리가 들려오고, 선율은 성당의 높은 천장 아래에서 은은하게 울려 퍼지며 마음 깊은 곳까지 천천히 스며듭니다. 상상만으로도 지친 마음이 평온해지는 느낌이 들지 않나요?

　르네상스 시대의 작곡가 팔레스트리나의 음악이 바로 그렇습니다. 그의 음악은 한 음 한 음이 성스러운 공간을 가득 채우며, 듣는 이의 마음을 고요하고 평화롭게 해줍니다.

　그는 단순히 아름다운 음악을 만드는 데 그치지 않고, 음악을 통해 신과 인간 사이에 다리를 놓고자 했습니다. 혼란과 변화의 시대 속에서도 교회음악의 가장 이상적인 모습을 구현한 그의 음악은 오늘날까지도 깊은 감동과 위안을 전합니다. 대체 팔레스트리나의 음악은 왜 이토록 특별한 것일까요?

시련도 꺾을 수 없었던 재능과 열정

팔레스트리나는 1525년경 이탈리아 로마 근교의 작은 도시 팔레스트리나에서 태어났습니다. 그의 어린 시절에 관한 기록은 많지 않지만, 음악적 재능만큼은 일찍부터 두각을 나타냈죠.

팔레스트리나는 어린 시절, 로마 인근 교회에서 성가대 활동을 하며 정식 음악 교육을 받았습니다. 1544년에는 뛰어난 재능을 인정받아 고향의 대성당 음악 감독으로 임명됐는데, 이때 그의 나이는 불과 19세였습니다.

그의 명성은 빠르게 로마까지 전해졌고, 1551년에는 교황 줄리오 3세의 눈에 들어 바티칸의 시스티나 성가대에서 활동하게 됐습니다. 그러나 순탄할 것 같았던 그의 삶에 뜻밖의 어려움이 닥칩니다.

1555년, 교황 바오로 4세는 시스티나 성가대에서 기혼자를 배제하는 엄격한 규정을 만들었습니다. 이미 가정이 있던 팔레스트리나는 이 규정에 따라 성가대에서 해고되는 아픔을 겪었죠. 이는 큰 시련이었지만, 음악에 대한 그의 열정을 꺾을 수는 없었습니다.

팔레스트리나는 이후 산 조반니 인 라테라노 대성당과 산타 마리아 마조레 대성당에서 음악 감독을 맡으며, 꾸준히 음악적 명성을 쌓았습니다. 이곳에서 자신만의 독특한 음악 양식을 발

1544년부터 음악 감독으로 일했던 팔레스트리나 대성당

전시키며 다시 한번 주목받았고, 결국 1571년에 교황청의 요청으로 시스티나 성가대에 복귀합니다. 이후 그는 생을 마칠 때까지 교황청 성가대에서 중요한 역할을 맡으며 활동했습니다.

시대의 요구를 반영한 '교회음악의 구원자'

팔레스트리나가 활동하던 16세기 중반은 거대한 종교적 변화가 있던 시대였습니다. 마르틴 루터의 종교개혁 이후 가톨릭은 큰 혼란과 위기에 빠졌고, 이를 극복하기 위해 가톨릭 내부에서는 자체적인 개혁 운동이 전개됐죠. 그 중심에 있었던 것이 바로 '트리엔트 공의회'였습니다.

공의회에서는 당시 교회음악을 거세게 비판했습니다. 지나친 기교와 복잡한 다성음악으로 인해 성부 간의 멜로디가 뒤엉켜 가사가 제대로 전달되지 않는다는 것이었죠. 40개까지 나뉜 성부도 있었으니까요. 또 교회음악에서 악기의 사용이 늘고, 세속적인 요소가 스미는 것도 경건한 예배 분위기를 해친다고 여겼습니다.

이에 따라 공의회에서는 다성음악을 유지하되 가사가 명확하게 들리도록 하거나, 아예 과거의 〈그레고리우스 성가〉 같은 단순한 단선율 음악으로 돌아가자는 강경한 주장까지 나왔습니다.

이때 평생 교회음악과 함께한 팔레스트리나가 해결책을 제시하며 나섭니다. 〈교황 마르첼루스의 미사〉라는 작품을 작곡하며, 공의회가 요구한 명료한 가사 전달과 경건함을 완벽하게 구현한 것이죠. 화려한 다성음악의 아름다움과 신앙적 진중함 사이의 절묘한 균형을 보여준 이 곡이, 공의회의 음악 폐지 주장을 잠재

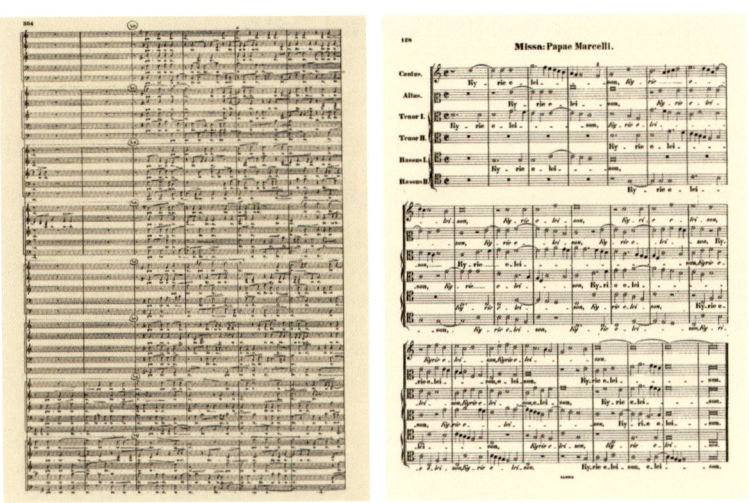

40성부로 구성된 당시 음악의 악보(좌)와
이와 대비되는 6성부 구성의 팔레스트리나 〈교황 마르첼루스의 미사〉 악보(우)

우는 데 결정적 역할을 했다고 알려져 있습니다. 이후 팔레스트
리나는 '교회음악의 구원자'로 불립니다.

그러나 팔레스트리나는 또 다른 시련을 겪습니다. 흑사병
이 이탈리아를 수차례 휩쓸며 그의 가족이 잇따라 세상을 떠나
는 비극이 일어난 것이죠. 1570년대에는 그의 형제와 두 아들이,
1580년에는 오랜 세월 함께했던 아내 루크레치아마저 전염병으
로 세상을 떠났습니다.

연이은 상실로 인해 팔레스트리나는 깊은 슬픔에 빠졌고, 사
제가 되는 길을 심각히 고민하기도 했습니다. 그러나 그는 사제

의 길을 걷지 않고, 1581년 비슷한 아픔을 겪은 미망인 비르지니아 도르몰리와 재혼합니다.

마침 그녀가 경제적으로도 부유했기에, 재혼을 통해 정서적 안정과 경제적 안정이라는 두 마리 토끼를 함께 잡을 수 있었죠. 그 덕분에 팔레스트리나는 다시 음악에 몰두할 수 있었고, 그의 작품에는 이전보다 더 깊은 내면적 성찰과 신앙적 고뇌가 담기게 됐습니다.

음악으로 조용히 세상을 변화시키다

팔레스트리나가 교회에서 불리는 성스러운 음악만 만든 것은 아닙니다. 때로는 사랑의 감정을 노래하고, 자연의 아름다움을 찬미하는 세속적인 음악도 작곡했습니다.

다만 그의 세속음악은 다른 작곡가들에 비해 표현이 더 절제되고 품위 있는 모습을 보입니다. 마치 성악가가 가요를 부를 때도 성악 발성이 묻어나오는 것처럼 팔레스트리나의 세속음악을 들으면 마치 교회음악을 듣는 듯한 우아한 느낌이 들죠. 이는 그가 세속적인 주제를 다룰 때도 감정을 지나치게 드러내거나 과장된 표현을 피했다는 것을 보여줍니다.

팔레스트리나가 작곡한 대표적인 세속음악인 〈언덕 위를 거닐며)는 당시 세속음악의 대표 장르였던 '마드리갈'임에도, 연애 감정을 노골적으로 드러내기보다 은유적이고 절제된 방식으로 성스럽게 표현합니다.

그는 교회음악의 엄격함과 세속음악의 자유로움 사이에서 늘 균형을 유지했으며, 지나치게 극적인 요소 없이도 품격 있고 고전적인 아름다움을 만들어냈습니다.

팔레스트리나의 음악은 마치 정교하게 설계된 대성당처럼, 각각의 기둥이 서로 다른 모양을 하면서도 전체적으로 하나의 조화를 이룹니다. 여러 성부에서 각 선율이 독립성을 잃지 않으면서도, 조화롭게 진행되죠.

이를 위해 그는 독창적이면서도 섬세한 작곡 방식을 선보였습니다. 각 성부가 서로 다른 선율을 부르지만, 리듬의 진행을 일치시켜 가사가 흐려지지 않도록 한 것이죠. 또 당시 유행했던 복잡한 대위법을 기초로, 이탈리아 특유의 부드럽고 아름다운 선율과 풍성한 화음을 결합한 음악을 선보였습니다.

이러한 그의 음악은 완벽한 대위법의 정수를 보여주는 것으로 평가받으며, 이후 '팔레스트리나 양식'이라는 이름으로 음악사 최고의 교회음악 스타일로 자리 잡습니다.

팔레스트리나가 남긴 음악은 그의 시대에만 머물지 않았습니다. 바로크 시대의 거장 요한 제바스티안 바흐도 팔레스트리나의 음악을 연구하며 큰 영향을 받았다고 알려져 있습니다. 그뿐 아니라 18세기의 오스트리아 작곡가 요한 요제프 푹스는 팔레스트리나의 대위법을 연구하여 《파르나수스로 가는 계단Gradus ad Parnassum》이라는 교재를 만들었습니다. 이 책은 오늘날까지도 음악 이론 교육의 필독서로 자리 잡고 있죠.

팔레스트리나의 음악은 단순한 아름다움을 넘어, 서양 음악의 구조와 작곡 기법에 깊은 흔적을 남겼습니다. 그리고 후대의 작곡가들이 그의 작품을 연구한 덕분에 그의 음악적 유산이 수세기에 걸쳐 이어지고 있습니다.

팔레스트리나는 격동의 시대에 큰 목소리를 내지 않았습니다. 하지만 그는 음악이라는 언어로 조용히 세상을 변화시켰고, 교회음악의 아름다움과 신성함을 지켜냈습니다.

화려한 기교와 과장된 감정 대신 내면을 맑게 비추는 고요한 그의 음악은 지금 이 순간에도 우리에게 따뜻한 위로로 다가옵니다. 말보다 깊이 전해지는 이 울림이야말로, 팔레스트리나가 세상에 남긴 선물이 아닐까요.

추천 플레이리스트 ─────────●─────────

- 다성음악의 화려함과 신앙적 진중함 사이의 절묘한 균형 〈교황 마르첼루스의 미사〉 중 '키리에'
- 절제된 형식미로 빚어낸 르네상스 다성음악의 교과서 〈미사 브레비스〉 중 '상투스'
- 정형화된 선율이 빚어낸 르네상스 다성음악의 정수 〈사슴이 시냇물을 찾기에〉
- 거장의 엄격함 속에 숨겨진 세속적인 서정의 미학 〈언덕 위를 거닐며〉

바로크 시대

Part 2. Playlist

●

감정을 흔드는 음악,
바로크의 탄생

바로크란 '일그러진 진주'를 뜻하는 포르투갈어 '바로코Barroco'
에서 유래됐습니다. 처음에는 지나치게 화려하고 괴상하다는 비판
적인 의미로 쓰였지만, 시간이 흐르며 이 화려하고 격정적인 예술
은 역사의 진주로 재탄생했죠.

바로크 시대는 전쟁과 종교개혁, 과학혁명 그리고 새로운 사상
과 예술로 요동치던 시기였습니다. 궁정과 교회, 도시와 시골 모두
에서 음악은 삶의 중요한 일부가 됐고, 음악가들은 이전보다 자유
롭고 창의적으로 자신의 감정을 표현할 수 있게 됐습니다.

바로크 시대의 음악은 무엇보다도 '감정'을 중시했습니다. 중세
와 르네상스 음악이 질서와 조화를 추구했다면, 바로크 음악은 기
쁨과 슬픔, 분노와 사랑 같은 인간의 감정을 직접적으로 다뤘죠.

이 시기의 음악가들은 음악이 사람의 마음을 움직이고 듣는 이

의 감정을 바꿀 수 있다는 '감정 이론'을 중요하게 여겼습니다. 그래서 하나의 곡 안에서도 극적인 변화와 강한 대비가 자주 등장합니다. 조용한 부분과 웅장한 부분, 빠른 리듬과 느린 리듬, 독주와 합주의 대조가 뚜렷하게 나타나죠.

예를 들어 클라우디오 몬테베르디의 오페라 〈오르페우스〉에서는 사랑하는 아내를 잃은 오르페우스의 슬픔이 음악 전체를 뒤덮습니다. 또 바흐의 〈마태수난곡〉에서는 예수의 고난이 음악을 통해 극적으로 펼쳐집니다. 바로크 음악은 이렇게 '이야기'와 '감정'을 음악으로 그려내는 데 탁월했습니다.

바로크 음악의 새로운 실험들

음악의 형식과 연주 방식에서도 많은 변화가 일어났습니다. 먼저 '바소 콘티누오Basso Continuo'라는 새로운 연주 방식이 등장했습니다. 첼로나 비올라 다 감바가 저음(낮은음)을 연주하면, 하프시코드나 오르간이 그 위에 화음을 얹어 즉흥적으로 반주를 만들어내는 방식입니다. 오늘날 재즈 밴드의 즉흥 연주와 비슷한 역할을 한다고 생각하면 되는데, 이는 바로크 음악의 든든한 뼈대가 돼 조성 음악이 자리 잡을 수 있도록 했답니다.

또 바로크 시대는 '오페라'라는 완전히 새로운 장르의 예술도 탄생시켰습니다. 음악, 연극, 무용, 미술이 모두 어우러진 장르인 오페라는 당시 유럽에서 가장 혁신적인 종합예술이었습니다. 몬테베르디의 〈오르페우스〉는 최초의 걸작 오페라로 꼽히며, 이후 헨델과 퍼셀, 라모 같은 작곡가들이 화려한 오페라 무대를 만들어냈죠.

르네상스부터 발달해 온 기악곡들도 본격적인 황금기를 맞이했는데, '협주곡Concerto'과 '푸가Fugue'와 같은 새로운 기악곡 형식이 등장했습니다. 비발디의 〈사계〉는 바이올린과 오케스트라가 주고받는 대화로 자연과 계절의 변화를 그려냈고, 바흐의 〈푸가의 기법〉은 한 주제가 여러 성부로 엮이며 퍼즐처럼 펼쳐지는 대위 음악의 마술을 보여준답니다.

바로크 시대의 음악은 그저 화려하고 장식적인 소리의 향연만은 아니었습니다. 음악은 궁정 권력을 과시하는 수단이었고, 교회에서 신의 영광을 드러내는 도구였으며, 인간의 기쁨과 슬픔, 사랑과 갈등이 그대로 녹아드는 예술이었습니다.

그래서인지 오늘날까지도 여전히 우리 곁에서 때로는 웅장하게, 때로는 섬세하게 삶의 모든 순간을 더욱 풍요롭게 만들어주고 있습니다. 특히 바흐나 헨델, 비발디의 음악은 아직까지도 명곡으로 손꼽히죠.

미숙아로 태어나 시대의 거장으로

비발디

미사보다 바이올린을 사랑했던 '불량 신부'의 정체는?

미사보다 음악이
더 좋은 걸.

사제가 된 안토니오 비발디는 미사보다 음악에 관심이 많았고,
결국 고아원의 음악 교사가 되면서 작곡가로서 유럽에 이름을 날립니다.
하지만 영광도 잠시, 그는 곧 투자에 실패했고 쓸쓸한 죽음을 맞이합니다.
200년간 잊혔던 그의 음악은 어떻게 오늘날 다시 부활한 걸까요?

"비발디는 바이올린 연주자로서는 만점, 작곡가로서는 그저 그런 편, 사제로서는 0점이다."

— 카를로 골도니

안토니오 비발디의 오페라 대본을 쓰기도 했던 작가 카를로 골도니의 신랄한 평가는, 비발디의 복잡했던 인생을 단적으로 표현한 말이라고 할 수 있습니다.

천재적인 바이올리니스트, 다작의 작곡가 그리고 형식적인 사제였던 그는 한마디로 규정짓기 어려운 입체적인 인물이었죠. 비발디는 과연 어떤 사람이었길래 이런 상반된 평가를 받았을까요?

바이올리니스트의 아들, 사제가 되다

비발디는 1678년 3월 4일, 이탈리아의 아름다운 물의 도시 베네치아에서 태어났습니다. 원래대로라면 아직 비발디는 어머니 뱃속에 있어야 했습니다. 너무 일찍 태어난 탓에 그의 부모는 비발디가 제대로 살 수 있을지 의심할 수밖에 없었어요. 그 때문에 어린 비발디는 태어나자마자 받아야 할 세례를 두 달이나 늦게 받기도 했습니다. 아이가 죽을지도 모른다는 부모의 걱정 때문이었죠.

비발디의 아버지 조반니 바티스타 비발디는 베네치아 최고의 성당 중 하나인 산마르코 대성당의 바이올리니스트였는데, 비발디는 어려서부터 아버지에게서 바이올린을 배웠고, 덕분에 남들보다 일찍 음악적 재능을 꽃피울 수 있었습니다.

그러나 아버지는 아들이 '성직자'의 길을 가기를 바랐습니다. 이는 칠삭둥이로 태어난 비발디가 건강하게 자란 것에 대해 감사의 표현이자, 자신의 수입만으로 구 남매를 키우기 어려웠던 아버지의 어쩔 수 없는 바람이기도 했어요.

비발디는 아버지의 뜻에 따라 신학 공부를 시작했고, 1703년에는 사제 서품을 받으며 정식 사제가 됐습니다. 보통은 6~7년 정도 걸리는 사제 수련 과정이었지만, 건강 때문에 수도원에 들어가지 않고 집에서 출퇴근했던 비발디는 이를 10년 만에 마치

비발디가 활동하던 18세기 베네치아 전경

고 25살이 돼서야 사제 직위를 받을 수 있었습니다.

사제가 된 비발디는 미사를 자주 집전하지 않았는데, 천식으로 인한 심한 기침으로 미사 중간에 성당을 나와야 하는 경우가 잦았기 때문이었습니다. 물론 미사보다 음악에 집중하고 싶었던 비발디가 건강을 핑계로 미사를 빠지고 연습을 한다는 이야기도 있었지만요. 어쨌든 비발디는 미사는 드리지 않고 음악만 하는 사제로 불리게 됐습니다.

몇 달 뒤 비발디는 베네치아의 여자 고아원인 '오스페달레 델라 피에타'의 음악 교사로 부임했습니다. 당시 베네치아에는 네 개의 큰 고아원이 있었는데, 이름만 고아원이지 실은 상당한 규

비발디가 근무했던 피에타 고아원의 모습

모와 교육 수준을 자랑하는 교육기관의 일종이었습니다. 특히 피에타 고아원은 음악 교육으로 매우 유명한 곳이었죠.

사제 역할에서 벗어난 비발디는 자신의 능력을 한껏 발휘하기 시작했습니다. 피에타 고아원의 소녀들은 비발디의 가르침 아래 뛰어난 연주 실력을 갖추게 됐고, 곧 도시의 명물로 자리 잡았습니다.

주말이나 특별한 날, 피에타 고아원에서 열리는 연주회에는 베네치아 시민들은 물론 유럽 각지에서 온 여행객들까지 몰려들며 문전성시를 이뤘고, 비발디의 음악은 자연스레 유럽 전역으로 퍼져나갔습니다. 이 시기의 비발디는 대중의 수준을 만족시키기 위해 난도가 높은 곡들을 많이 작곡하면서 실력도 나날이 성장했죠.

유럽을 사로잡은 천재의 쓸쓸한 몰락

비발디는 1729년까지 총 열두 권의 작품집을 출간하는 등 엄청난 양의 작품을 쏟아내며 활발하게 활동을 이어갔습니다. 게다가 1730년부터는 작품집을 내는 대신 개인에게 손으로 직접 쓴 악보를 비싸게 파는 사업도 시작했습니다. 돈 많은 귀족들을 대상으로 일종의 수제 굿즈를 판 것이었죠.

그렇게 잘나갔던 비발디에게 불행은 갑작스럽게 찾아왔습니다. 1736년, 그는 경쟁이 치열했던 베네치아 대신 경쟁이 적은 페라라라는 지역에서 자신의 오페라 〈일 파르나체〉를 공연하려고 했는데, 비발디의 인기를 견제하던 페라라 지역의 음악 책임자(페라라 오페라 극장 감독) 아베 볼라라의 반대로 공연이 무기한 연기되고 만 것이었죠.

비발디는 이미 공연이 성사될 것으로 생각하고 가수와 스태프 등을 모두 고용했기 때문에 피해는 말로 다할 수 없었어요. 거기에 페라라 지역의 추기경까지 비발디와 젊은 여가수의 스캔들을 이유로 그의 공연을 반대하면서 결국 오페라는 무산되고 말았죠. 결국 페라라 공연에 전 재산을 투자했던 비발디는 큰 손해를 보고 힘겨운 말년을 보내게 됐습니다.

경제적으로 궁핍해진 비발디는 자신의 열렬한 팬이었던 카를 6세에게 도움을 청했습니다. 다행히 카를 6세는 그를 황실 음악가로 받아주었고, 빈에서 오페라 공연을 주선해주기로 했어요.

그러나 비발디가 빈에 도착했을 때 카를 6세는 병으로 위독

비발디가 도움을 요청했던 카를 6세

한 상황이었고, 비발디가 도착한 직후에 사망하고 맙니다. 카를 6세의 사망으로 오스트리아 왕위 계승 전쟁이 벌어지면서 빈의 모든 공연장이 무기한 문을 닫게 됐죠. 결국 비발디는 다시 기약 없이 기다릴 수밖에 없었습니다.

1741년 7월 28일, 63세의 비발디는 가난과 쓸쓸함 가운데 빈의 허름한 집에서 지병이었던 천식이 악화돼 숨을 거둡니다. 장례는 그의 합창단도 세우지 못할 정도로 작고 초라하게 치러졌고, 모차르트처럼 공동묘지에 묻혔다가 묘지가 이장되는 과정에서 유해가 분실된 탓에 현재까지도 그의 무덤은 행방을 알 수 없게 됐습니다.

사람들에게서도 금세 잊힌 비발디의 음악은 거의 연주되지 않았고, 그의 이름은 음악사 교과서의 한 귀퉁이에 짧게 언급될 뿐이었습니다.

200년 만에 다시 부활한 바로크의 거장

비발디는 90편에 달하는 오페라와 다양한 교회음악, 콘체르토(협주곡)와 실내 악곡 등을 작곡하며 바로크 시대의 가장 다작한 작곡가 중 한 명으로 알려져 있습니다. 그는 놀라운 작곡 속도로 유명했는데, 필사가가 악보를 베끼는 속도보다 자신의 작곡 속도가 더 빠르다며 자랑할 정도였죠.

비발디는 특히 콘체르토 장르의 발전에 크게 기여했어요. 그는 약 500곡에 달하는 콘체르토를 작곡했는데, 독주 악기와 오케스트라가 함께 연주하는 콘체르토 형식은 비발디에 의해 확립됐다고 해도 과언이 아닙니다.

비발디의 수많은 콘체르토 중에서도 단연 돋보이는 작품은 바로 바이올린 협주곡 모음인 〈사계〉입니다. '봄', '여름', '가을', '겨울' 네 편의 협주곡으로 이루어진 이 작품은 단순히 계절의 분위기를 표현한 것을 넘어, 각 계절에 대한 묘사가 담긴 시(소네트)를 악보에 함께 실어 구체적인 장면을 떠올리도록 했습니다. 새의 지저귐, 천둥 번개 소리, 졸졸 흐르는 시냇물 소리, 얼어붙은 겨울 풍경 등을 음악으로 생생하게 그려낸 것이죠.

이러한 '표제 음악'은 당시로는 매우 혁신적인 방식이었고, 〈사계〉는 출판되자마자 유럽 전역에서 엄청난 인기를 얻으며 비발디를 국제적인 스타 작곡가로 만들었어요. 그는 직접 자신의 오페라 공연을 위해 유럽 여러 도시를 여행하기도 했죠.

그러나 비발디의 음악은 약 200년 동안 깊은 잠에 빠져 있었습니다. 바흐나 헨델의 곡이 사후에도 꾸준히 연주된 것과 달리, 그는 20세기가 되기 전까지 철저히 잊혔죠.

하지만 20세기 초, 음악학자들과 연주자들에 의해 그의 악보들이 다시 발견되고 연구되면서, 비발디의 위대한 음악이 다시 세상에 드러나기 시작했습니다. 특히 〈사계〉는 다시 한번 전 세계 사람들의 마음을 사로잡았고, 비발디는 잊힌 천재에서 바로크 음악의 거장으로 화려하게 부활할 수 있었죠.

성스러운 음악과 세속적인 극음악 사이를 넘나들며 〈사계〉라는 불멸의 걸작을 남긴 붉은 머리 사제 비발디. 오랫동안 잊혔으나 결국 부활한 그의 음악은 오늘날까지 우리 곁에서 생동감 있게 살아 숨 쉬고 있습니다.

추천 플레이리스트 ⎯⎯⎯⎯⎯⎯⎯•

- 지하철 환승 음악과 각종 광고 배경 음악으로 우리에게 익숙한 〈사계 '봄'〉 1악장
- 영화의 긴박한 추격전 장면에 단골로 등장하는 〈사계 '여름'〉 3악장
- 바이올린을 배우는 사람이라면 누구나 한 번쯤 거쳐 가는 필수 코스 〈**조화의 영감 협주곡 3번**〉 1악장
- 영화 〈크레이머 대 크레이머〉의 메인 테마로 쓰인 〈**만돌린 협주곡 C장조**〉 1악장
- 영화 〈샤인〉에서 웅장한 감동을 선사했던 합창곡 〈**글로리아**〉 중 '**높은 곳에 영광**'

헨델

독일인이 영국의
대표 음악가가 됐다고?

〈메시아〉를 쓸 때
하늘이 열리고 신의
모습이 보이는 듯했지.

50대 초반, 건강을 잃고 연이은 오페라의 실패로 위기가 닥친 헨델은
뇌졸중으로 쓰러집니다. 의사는 그가 회복하지 못할 것이라고 했죠.
그러나 헨델은 얼마 뒤 기적처럼 회복됐고, 다시 피아노 앞에 앉게 되었습니다.
신의 은총을 경험한 그가 만든 불후의 명곡은 과연 무엇이었을까요?

게오르크 프리드리히 헨델은 50대 초반에 이르러 깊은 절망의 시기를 맞이합니다. 건강은 점점 악화했고, 연이은 오페라의 실패와 경제적 위기까지 겹치며 정신적으로도 큰 고통을 겪게 됐죠.

　결국 1737년, 그는 뇌졸중으로 쓰러지고 맙니다. 오른팔과 오른쪽 손가락이 마비돼 작곡은 물론 연주조차 할 수 없는 상태였고, 많은 의사는 그가 다시 회복하지 못할 것이라고 말했죠. 이에 절망한 헨델은 실어증 증세까지 생겼습니다.

　그러나 헨델은 포기하지 않았습니다. 그는 마지막 희망을 걸고, 독일 아헨으로 온천 치료를 하기 위해 떠났습니다. 온천수에 매일 몇 시간씩 몸을 담그며 꾸준히 요양하던 그는 얼마 뒤 기적처럼 다시 말할 수 있게 됐고, 피아노 앞에 앉을 수 있을 만큼 손가락 감각도 회복됐답니다. 그야말로 신의 은총이었죠.

　헨델은 이때 느낀 신에 대한 감사와 은혜를 담아 그의 인생을 바꾼 위대한 작품, 오라토리오 〈메시아〉를 작곡합니다. 그중 가장 유명한 합창곡 '할렐루야'는 병마를 이겨낸 감격과 신에 대한 감사가 고스란히 녹아든 작품으로 평가받고 있습니다. 고난으로 인해 마치 삶의 끝을 보는 듯했지만, 오히려 헨델을 인생 최고의 정점으로 이끈 것이죠.

안정적인 길을 뒤로하고 내딘 성공적인 발걸음

헨델은 1685년 3월 5일, 바흐보다 한 달 먼저 독일 할레에서 태어났습니다. 그의 아버지는 이발사 겸 궁정 외과 의사였는데, 63세의 늦은 나이에 아들을 얻었고 아들이 안정적인 직업인 법률가가 되기를 바랐어요.

하지만 헨델은 어려서부터 법률보다 음악에 관심이 많았고, 할레성의 영주와 지역 교회의 오르가니스트였던 프리드리히 빌헬름 차코프 등이 헨델의 비범한 재능을 발견합니다. 이후 헨델은 그들의 적극적인 후원을 받으며, 아버지의 반대에도 불구하고 정식 음악 교육을 받을 수 있게 됐습니다. 특히 차코프는 헨델에게 오르간, 하프시코드 연주뿐만 아니라 작곡 기법까지 가르치며 그의 음악적 토대를 만들어주었죠.

헨델은 돌아가신 아버지의 뜻에 따라 할레 대학 법학과에 입

독일 할레에 남아 있는 헨델의 생가

학했으나, 결국 대학을 그만두고 음악가의 길을 선택합니다. 그리고 할레 대성당의 오르간 연주자로 들어간 그는 다시 1703년, 뤼벡으로 떠나 당시 유명한 음악가였던 북스테후데의 제자가 됩니다.

헨델은 북스테후데의 후임자로도 거론됐지만, 후임자로 선정되려면 북스테후데의 딸과 결혼해야 한다는 조건을 듣고 고민 끝에 그 자리를 거절합니다. 그리고 당시 독일 오페라의 중심지였던 함부르크로 떠납니다. 재미있는 점은 헨델이 떠나고 2년 뒤, 바흐도 같은 조건으로 같은 자리를 권유받았고 그 역시 이를 거절했다는 점이에요.

어쨌든 뤼벡을 떠나 함부르크에 다다른 헨델은 작곡가 요한 마테존과 친하게 지내면서 오페라 극장의 바이올린 연주자로 일했고, 드디어 20세에 자신의 첫 오페라인 〈알미라〉를 발표하며 작곡가로서 성공적인 첫발을 내딛습니다.

독일, 이탈리아를 거쳐 영국의 대표 음악가로

함부르크에서의 성공에 만족하지 못했던 헨델은 유럽 음악의 본고장인 이탈리아로 향했습니다. 당시 이탈리아는 오페라와 기악곡의 유행을 이끌었기에 젊은 음악가들이라면 꼭 가야 할 성지였거든요. 1706년, 헨델은 21세의 나이에 이탈리아로 건너가 약 3년간 피렌체, 로마, 나폴리, 베네치아 등 주요 도시를 순회하며 활동했습니다.

그는 당대 최고의 작곡가와 연주자였던 아르칸젤로 코렐리, 알레산드로 스카를라티, 도메니코 스카를라티 등과 만나 교류했고, 유려한 선율과 풍부한 화성, 극적인 표현이 특징인 이탈리아 음악 양식을 깊이 습득했으며, 오페라, 칸타타, 오라토리오 등 다양한 장르의 걸작을 작곡하며 명성을 쌓았습니다.

이탈리아에서 크게 성공한 헨델은 1710년에 독일로 돌아와 하노버 선제후 게오르크 루트비히(훗날 영국 왕 조지 1세)의 궁정 악장 자리를 얻었지만, 그의 마음은 이미 대서양 건너 영국, 특히 런던을 향하고 있었습니다.

당시 런던은 새로운 음악의 중심지로 떠올랐고, 특히 이탈리아 오페라에 대한 관심이 높아지던 터였죠. 독일로 돌아온 지 1년 만에 런던으로 여행을 떠난 헨델은 1711년, 그곳에서 오페라 〈리날도〉를 발표합니다.

〈리날도〉는 런던에서 폭발적인 반응을 얻으며, 헨델을 슈퍼스타로 만들어줬습니다. 결국 헨델은 독일에서의 직책을 뒤로하고, 런던에 정착하기로 결심합니다. 이 때문에 하노버 선제후의 눈 밖에 나기도 했으나, 헨델은 이탈리아 오페라 작곡가이자 극장 경영자로서 가장 화려한 시기를 맞이했고, 1726년에는 정식으로 영국에 귀화하며 영국을 대표하는 음악가가 됐습니다.

런던 사교계에서 선풍적인 인기를 얻은 헨델은 막대한 수입과 명성을 얻었지만, 모든 일이 순탄하게 흘러간 것은 아니었어요. 이탈리아 출신 작곡가들과의 경쟁, 스타 성악가들의 지나친 요구와 변덕 그리고 점차 변화하는 런던 시민들의 음악 취향 등으로 인해 헨델의 오페라 극장은 여러 차례 심각한 재정난을 겪고, 파산 위기에 처했습니다. 헨델이 받은 스트레스가 얼마나 컸을지 짐작이 되나요? 결국 1737년 헨델은 뇌졸중으로 쓰러져 독일로 요양을 가게 됩니다.

고난을 이겨낸 창조의 경이로움

기적적으로 건강을 회복한 헨델은 아일랜드 더블린의 자선단체로부터 오라토리오 작곡을 의뢰받습니다. 헨델은 신에 대한 감사를 담아 이 의뢰를 받아들였고 1741년, 단 24일 만에 오라토리오 〈메시아〉를 완성합니다.

이 작품은 더블린에서 초연돼 엄청난 성공을 거뒀고, 이듬해 런던에서의 공연 역시 큰 반향을 일으키며 헨델을 새로운 정점으로 이끌었습니다. 특히 〈메시아〉의 공연 수익금을 자선단체에 기부하며, 이미지 쇄신에도 큰 도움이 됐어요.

이는 헨델의 인생에도 큰 전환점이 됩니다. 자신이 쓴 오페라의 인기가 떨어지던 시기에, 오페라와 비슷하면서도 종교적 내용을 다루며 무대 장치나 연기 없이 음악만으로 스토리를 전달하는 오라토리오 장르에 집중해 변화를 도모할 수 있었으니 말이에요.

〈메시아〉의 성공 이후 헨델은 오페라 대신 오라토리오 작곡에 전념하며 〈유다스 마카바이우스〉, 〈솔로몬〉과 같은 주옥같은 작품을 쏟아냈고, 오라토리오 작곡가로서의 입지를 확고히 할 수 있었습니다.

헨델은 영국 왕실과 평생 깊은 관계를 유지했는데요. 하노버 선제후였던 조지 1세의 미움을 샀던 헨델은 〈수상음악〉과 같은

헨델의 템스강 〈수상음악〉 연주 광경

멋진 곡을 작곡하며 다시금 왕의 총애를 얻습니다(진위 여부에 대한 논란은 있지만요). 헨델이 자신의 열렬한 후원자였던 조지 2세의 대관식을 위해 작곡한 〈사제 사독〉은 오늘날까지도 영국 대관식에 사용될 정도입니다.

1759년 4월 14일, 헨델은 74세의 나이로 런던에서 생을 마쳤습니다. 그는 영국이 가장 존경하는 음악가로서 웨스트민스터 사원의 '음악가의 코너'에 안장됐고, 그의 장례식에는 3천 명이 넘는 추모객이 모였다고 합니다. 헨델이 영국 왕실과 영국인들에게 얼마나 중요한 작곡가인지 알려주는 대목이죠.

독일인으로 태어나 명예로운 영국인으로 죽음을 맞은 헨델은 인생의 절망 끝에서 불멸의 '할렐루야'를 작곡하며, 고난을 이겨낸 인간 승리와 창조의 경이로움을 음악으로 보여준 위대한 작곡가였습니다.

추천 플레이리스트

- 영국 국왕이 감동하여 기립했다는 일화가 전해지는 합창 오라토리오 〈**메시아**〉 중 **'할렐루야'**
- 백화점 개점 음악이나 '라르고'라는 이름으로 더 유명한 치유의 노래 오페라 〈**세르세**〉 중 **'그리운 나무 그늘이여'**
- 템스강 위 연주회라는 독특한 배경을 가진 활기찬 곡 〈**수상음악**〉 **'알라 혼파이프'**
- 영화 〈파리넬리〉의 클라이맥스를 장식한 슬프고도 아름다운 아리아 오페라 〈**리날도**〉 중 **'울게 하소서'**
- 각종 시상식 음악에 쓰여 친숙한 멜로디의 오라토리오 〈**유다스 마카바이우스**〉 중 **'보아라, 용사 돌아온다'**

'음악의 아버지'가
고기 포장지가 될 뻔한 사연은?

좋아하는 음악을
듣기 위해서라면
400km도 걸을 수 있어.

오늘날 '음악의 아버지'로 불리는 바흐. 모차르트와 베토벤조차 그의 악보를 보며
감탄했다고 하죠. 하지만 그는 평생 명성을 쌓는 데 관심 없었기에
곧 사람들에게 잊힙니다. 그런데 200년 뒤, 어떤 사건으로 인해
그의 음악이 다시 세상에 알려지게 됐을까요?

한 젊은 음악가가 하인과 함께 고기를 사러 푸줏간에 들어갑니다. 잠시 가게 안을 둘러보던 음악가는 고기를 포장하던 종이에서 낯익은 것을 발견하는데, 그것은 바로 '음표'였습니다. 흥미가 생겨 악보를 들여다본 그는 곧 그것이 지금껏 보지 못했던 엄청난 곡이라는 것을 한눈에 알아챘습니다. 모두가 잊었던 위대한 작곡가, 바흐의 〈마태수난곡〉이 젊은 음악가 멘델스존에 의해 오랜 잠에서 깨어나는 순간이었습니다.

…라고 알려진 이 일화는 사실 스페인 영화의 한 장면입니다. 이 장면은 영화적 상상력이 더해진 것이지만, 1800년대 초까지 바흐의 음악이 사람들에게 얼마나 잊혔는지를 보여주는 상징적인 이야기라고 할 수 있습니다.

바흐의 가문은 요한 제바스티안 바흐가 태어나기 전부터 이미 200년간, 무려 7대에 걸쳐 50명 이상의 음악가를 배출한 음악가 가문이었습니다. 이러한 가정환경으로 인해 어려서부터 자연스레 바이올린이나 오르간 같은 악기를 배운 바흐는 10살 때 큰형에게 작곡을 배우기 시작했습니다(그의 큰형은 〈캐논〉으로 유명했던 파헬벨의 제자였는데, 그래서인지 바흐의 초기 작품에서는 파헬벨의 음악과 비슷한 느낌이 나기도 합니다).

거기에 형이 숨겨둔 귀한 악보들을 밤에 몰래 베끼다가 시력이 나빠졌다는 일화는 그의 엄청난 노력을 보여주는 이야기입니다.

유럽에서 손꼽히는 음악 금수저 집안에서 태어나, 형을 통해 유명한 선생님의 음악을 그대로 배울 수 있었던 환경, 게다가 노력까지 게을리하지 않다니! 바흐는 성공하지 않을 수가 없었겠죠?

금수저 음악가의 험난한 기행

그러나 예상과 달리 바흐의 인생이 늘 순탄했던 것만은 아닙니다. 바흐는 열 살이 되던 해에 어머니를, 그로부터 1년 뒤에는 아버지를 잃는 바람에 고아가 됐고, 형에게 자녀가 생기며 부양할 가족이 많아지자 15세라는 어린 나이에 독립해야 했거든요.

그의 집안이 유명한 음악가 집안이긴 했지만, 재산이 넉넉하지 않았던 탓에 가난한 학생들을 위해 무료 숙식을 제공하는 기숙학교에 갈 수밖에 없었고, 그마저도 경비가 부족해 원래 살던 도시에서 350km나 떨어진 뤼네부르크의 학교까지 가야만 했습니다.

그나마 다행인 점은 그 학교에 저명한 작곡가 수백 명의 악보 1천 권 이상을 소장한, 당시 독일에서도 손꼽힐 만한 엄청난 음악 도서관이 있었다는 것이었어요. 학교가 수도인 함부르크와 멀지 않았기에 뛰어난 음악가들의 음악을 자주 접할 수 있었다는 점도 큰 장점이었지요.

이때의 경험으로 인해 바흐는 좋지 않은 경제 상황에도 다양한 음악적 경험을 할 수 있었고, 뛰어난 오르간 연주 실력과 작곡 능력을 발전시키게 됩니다.

학교를 졸업한 바흐는 1703년, 요한 에른스트 공작의 궁정 악단에 잠시 몸담습니다. 그러다 곧 아른슈타트 지역의 성 보니파티우스 교회 오르가니스트로 활동하게 됐습니다. 바흐는 처음으로 맡은 음악 직책에 큰 열정을 쏟았습니다. 파격적이고 즉흥적인 연주로 주목받았고, 뛰어난 오르간 실력으로 빠르게 명성을 쌓을 수 있었죠.

하지만 교회 구성원들에게 수준 높은 음악을 요구하고, 때로는 거리낌 없이 비판해서 다른 음악가들과의 마찰도 적지 않았어요. 기존 음악가 입장에서는 교회에 온 지 얼마 되지 않은 바흐가 지나치게 주도권을 잡으려는 모습이 영 불편했거든요.

그런데 불편하기는 바흐도 마찬가지였던 것 같습니다. 음악회에 간다는 이유로 무려 한 달이나 휴가를 내기도 했으니까요. 그의 음악적 열정에 관한 일화 중 가장 유명한 이야기는, 자신이 좋아했던 음악가이자 당대 가장 유명한 오르가니스트 중 한 명이었던 디트리히 북스테후데의 음악을 듣기 위해 400km가 넘는 거리를 걸어간 일화인데, 이 일이 바로 바흐가 성 보니파티우스 교회에서 일하던 그 시기의 일이었습니다. 덧붙이자면 바흐는 허락받은 휴가 기간보다 3개월이나 지난 4개월 뒤에나 교회로 돌아왔다고 해요.

결국 이 기행이 문제가 돼 바흐는 성 보니파티우스 교회에서 사직했고 1707년에는 뮐하우젠으로, 1708년에는 다시 지역을 옮겨 작센-바이마르 공국의 오르가니스트이자 작곡가로 일하게 되면서 유럽 전역에 이름을 알리게 됩니다.

서양 음악사에서 가장 위대한 종교음악의 탄생

1717년, 바흐는 바이마르 공작과의 마찰 끝에 다시 한번 쾨텐의 궁정 악장으로 자리를 옮깁니다. 당시 쾨텐의 젊은 레오폴트 후작은 바흐를 존경하며, 그의 음악 활동을 적극적으로 지원했어요.

후작이 교회 개혁을 주장하고, 기존 교회음악 스타일을 의식하지 않던 칼뱅파였기 때문에 이 시기의 바흐는 합주곡이나 실내악 같은 기악곡에 더욱 집중할 수 있었습니다. 사람들에게 널리 알려진 〈브란덴부르크 협주곡〉, 〈평균율 클라비어곡집〉 I권, 〈무반주 바이올린을 위한 소나타와 파르티타〉, 무반주 첼로 모음곡 〈음악의 헌정〉과 같은 걸작이 바로 쾨텐 시기에 탄생했습니다.

그런데 쾨텐 후작이 결혼 이후 점차 음악에 대한 관심이 줄고, 군사비에 예산을 더 집행하면서 바흐의 입지도 좁아지기 시작했습니다. 자녀들의 교육 문제도 고민이었던 바흐는 결국 새로운 자리를 찾기 시작했고, 1723년 라이프치히의 성 토마스 교회의 칸토어(교회음악 책임자이자 부속 학교 교장) 자리에 부임합니다.

라이프치히는 바흐가 생을 마칠 때까지 27년간 활동한 곳이자, 그의 음악 세계를 완성한 곳이기도 해요. 성 토마스 교회는 업무량이 무척 많았고 때로는 마찰도 있었지만, 바흐는 매주 새로운 칸타타를 작곡하는 등 불가능해 보일 정도로 엄청난 양의 교회음악을 쏟아냈습니다.

그의 대표작인 〈마태수난곡〉, 〈요한수난곡〉, 〈나단조 미사〉, 〈크리스마스 오라토리오〉 등이 모두 이 시기에 탄생한 걸작들입니다. 특히 〈마태수난곡〉은 그 규모와 깊이, 극적인 표현력 면에서 서양 음악 사상 가장 위대한 종교음악으로 평가받고 있죠.

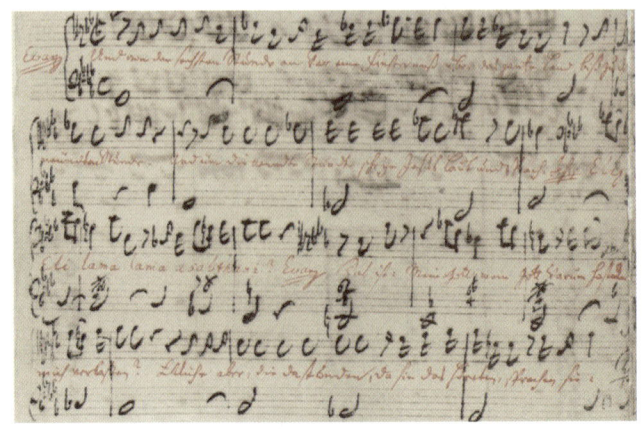
바흐의 〈마태수난곡〉 자필 악보

'음악의 아버지', 다시 빛을 보다

바흐가 '음악의 아버지'로 불리는 가장 큰 이유는 바로 '대위법'이라는 작곡 기법을 완성의 경지에 이르도록 발전시켰기 때문이에요. 대위법이란, 여러 개의 멜로디가 각자 독립적으로 움직이면서도 서로 조화를 이루는 작곡 방식입니다. 음악적으로 매우 복잡하고 정교한 기술인데, 바흐는 이 대위법의 진정한 거장이었거든요. 그의 푸가 형식의 음악이나 다양한 작품을 들어보면, 각각의 선율이 살아 움직이듯 얽히고설키면서도 완벽한 조화를 이루는 것을 느낄 수 있어요.

이러한 대위법적 작곡은 이후 수많은 작곡가에게 깊은 영향을 주었습니다. 모차르트와 베토벤조차 바흐의 악보를 보며 감탄했다고 전해지고, 특히 베토벤은 "그를 실개천Bach이 아니라 바다Meer라고 불러야 한다"라며 바흐의 위대함을 극찬했다고 해요.

1750년, 바흐는 65세의 나이로 라이프치히에서 세상을 떠나게 됩니다. 그 후 바로크 시대에서 고전 시대로 넘어가며, 그의 복잡하고 웅장한 음악은 사람들의 관심에서 점차 멀어졌습니다. 하이든이나 모차르트처럼 선율 중심의 좀 더 단순한 음악이 주류가 됐고, 바흐의 악보는 서랍 속에 방치되거나 포장지로 쓰이기도 했죠. 평생을 조용히 교회음악 작업에 몰두했고, 외부 활동으로 명성을 쌓는 데 관심 없었기에 사람들에게 더욱 빨리 잊힌 느낌도 있어요.

그리고 바흐가 빠르게 잊힌 데에는 바흐 아들들의 영향도 컸습니다. 스무 명의 자녀 중 음악가로 성공한 아들들, 특히 카를 필리프 에마누엘 바흐나 요한 크리스티안 바흐 같은 이들은 아버지와 다른, 고전파 초기의 새로운 음악 스타일로 당대에 큰 명성을 얻었습니다. 그래서 당시 사람들에게 '바흐'라고 하면 그의 아들들을 먼저 떠올릴 정도였어요. 그렇기에 상대적으로 아버지 바흐의 음악이 덜 주목받았던 것이죠.

그러나 19세기 초, 독일의 음악학자 요한 포르켈이 바흐에 대한 연구를 발표하며 그의 업적이 재조명됐고, 젊은 작곡가 멘델스존이 그의 음악을 다시 무대 위로 불러냈습니다. 특히 1829년,

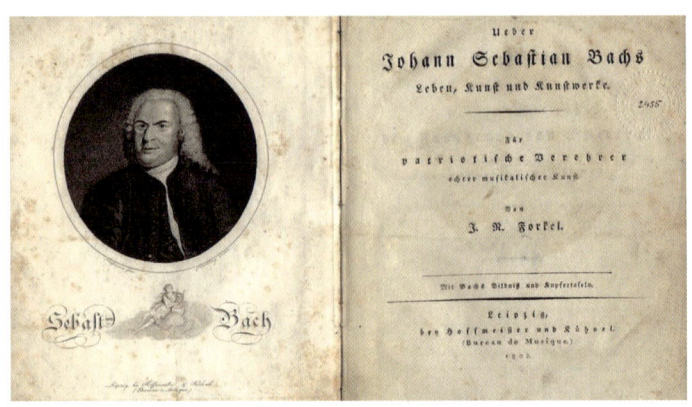

완전히 잊혔던 바흐를 최초로 발굴한 연구서인
요한 포르켈의 《바흐의 생애와 예술 그리고 작품》

멘델스존이 베를린에서 〈마태수난곡〉을 연주해 대성공을 거두면서, 바흐의 음악이 본격적으로 부활합니다. 잠자던 바흐를 멘델스존이 다시 세상에 알린 것이죠.

바흐의 음악은 오늘날에도 여전히 깊은 감동과 영감을 선사합니다. 그는 평생을 음악에 바치며 바로크 음악을 집대성했고, 후대 음악의 방향을 제시한 진정한 천재였습니다. 역사상 가장 훌륭한 음악가를 한 명 꼽으라고 하면 많은 사람이 바흐의 이름을 꼽을 정도이니까요.

추천 플레이리스트 ━━━━━━━━━━●━━━━━━━━━━━━━━━━━━━━━━━━

- 첼로의 저음이 주는 깊은 울림을 가장 잘 표현한 명곡 〈**무반주 첼로 모음곡 1번**〉 중 **'프렐류드'**
- 바이올린의 G선 하나만으로 연주할 수 있게 편곡되어 유명해진 〈**관현악 모음곡 3번**〉 중 **'G선상의 아리아'**
- 예능의 충격적인 장면에 나오거나 〈오페라의 유령〉의 모티브가 된 오르간 곡 〈**토카타와 푸가 D단조**〉
- 불면증에 시달리는 백작을 위해 작곡된 피아노 변주곡 〈**골트베르크 변주곡**〉 중 **'아리아'**

고전 시대

Part 3. Playlist

이성과 감성,
아름다운 균형을 꿈꾸다

18세기 유럽을 한번 상상해 볼까요? 새로 등장한 카페와 살롱에는 사람이 북적이고, 조화로운 건축물이 줄지어 서 있습니다. 사람들은 신분과 계급을 막론하고 '이성'과 '합리성'이라는 새로운 가치를 이야기합니다.

음악도 커다란 변화를 맞이하는데요. 도시의 시민과 중산층 그리고 음악을 사랑하는 평범한 사람들 모두가 함께 듣고 즐길 수 있는 음악이 탄생한 것이죠.

고전 시대에는 계몽주의의 바람이 유럽 전역을 휩쓸었습니다. 과학과 철학, 정치, 예술이 모두 이성의 이름 아래 새로 태어났고, 음악 역시 그 변화의 중심에 있었죠.

음악가들은 더 이상 왕과 교회의 명령에 따라 곡을 쓰지 않았어요. 그들은 자신만의 목소리와 감정, 인간다운 이야기를 음악에 담아내려고 했죠. 모차르트는 오페라에서 하인을 주인공으로 내세워 계급의 벽을 유쾌하게 무너뜨렸고, 베토벤은 청력을 잃어가면서도 '운명'을 두드리는 음악으로 자유와 희망을 노래했습니다.

이 시대의 음악은 단순히 귀를 즐겁게 하는 소리가 아니었습니다. 인간의 이성과 감성 그리고 사회 변화를 함께 담아낸 예술이었죠. 계몽주의의 영향 아래, 음악은 신비롭고 어려운 것이 아닌 누구나 이해하고 공감할 수 있는 언어가 됐습니다.

일상으로 스며든 음악, 모두의 예술이 되다

고전 시대 음악의 가장 큰 변화는 '주인공'이 바뀌었다는 점입니다. 이제 시민들도 음악의 세계에 발을 들이기 시작했습니다. 물론 오늘날처럼 콘서트나 음악 방송 등 대중문화로 완전히 정착한 것은 아니었지만, 살롱과 소규모 모임 그리고 점차 성장하는 중산층의 문화생활로 음악은 퍼져나갔어요.

악보가 대량으로 인쇄돼 누구나 집에서 모차르트의 소나타를 연주할 수 있었고, 피아노라는 악기는 하프시코드를 대신해 음악의 주인공이 됐습니다. 연주자가 손끝으로 미묘한 감정 변화를 자유롭게 표현할 수 있게 되면서 음악은 점점 더 '모두의 것'이 되었죠.

이 시기 음악가들은 누구나 따라 부를 수 있는 멜로디와 균형 잡힌 구조 그리고 명확한 표현을 추구했어요. 소나타 형식은 한 편의 명료한 이야기처럼 음악을 전개했고, 교향곡과 현악 4중주에서는 여러 악기가 서로 대화하듯 주고받으며 조화와 대립, 긴장과 해소를 만들어냈습니다. 그리고 이 모든 음악은 궁정의 화려한 무대에서 누군가의 집 거실로 천천히 스며들었죠.

고전 시대의 음악은 여전히 우리 곁에 살아 숨 쉬고 있습니다. 귀여운 꼬마 아이의 피아노 연습곡, 영화 속 배경 음악, 카페나 식당에서 흘려듣는 음악 등 곳곳에 하이든, 모차르트, 베토벤이 남긴 아름다운 균형과 따뜻한 인간미가 담겨 있어요. 그럼 이제 그들이 남긴 음악의 길을 따라 한 걸음 더 깊이 들어가 보겠습니다.

하이든

도둑맞은 머리를
145년 만에 되찾았다고?

> 살아서도,
> 죽어서도
> 편히 쉴 수가 없군.

교향곡과 실내악의 형식을 완성해 '교향곡의 아버지'라 불렸고,
친절하고 온화한 성품으로 '파파 하이든'이란 별명이 있었던 하이든.
살아서는 너무 유명해서 쉴 수 없었던 그가 머리를 도둑맞아 사후에도 진정한
안식을 취하지 못했다고요? 그의 죽음에는 어떤 미스터리가 숨겨져 있는 걸까요?

"하이든의 머리가 도둑맞은 지 145년 만에 반환됐습니다. 하이든의 시신은 이제야 완전해졌습니다."

1954년 6월, 오스트리아는 전국적인 축하 행렬로 소란스러웠습니다. 바로 국보급 음악가 하이든의 두개골이 145년 만에 주인을 찾아왔기 때문이었죠. 이 거대한 사건으로 수십만의 인파가 몰렸고, 100대나 되는 자동차가 하이든의 두개골을 에스코트하기도 했습니다. 드디어 하이든의 머리가 두 개가 되는 시점이었습니다.

머리가 두 개가 됐다니, 이게 무슨 말일까요? 괴담처럼 느껴지는 작곡가 하이든의 숨은 이야기를 알아봅시다.

1954년 다시 돌아온 하이든의 두개골을 소개한 〈라이프〉 기사

가난과 실패로 점철된 하이든의 젊은 날

하이든은 1732년 3월 31일, 마차 바퀴를 만들던 아버지와 주방 하녀였던 어머니 사이에서 태어났습니다. 무려 12명이나 되는 아이 중 둘째였지요(그중 다섯은 일찍 세상을 떠나고 말았어요). 당연히 집은 무척이나 가난했지만, 평소 음악을 사랑했던 하이든의 아버지는 하프를 즐겨 연주할 정도의 음악적 재능이 있었습니다.

하이든이 6살 되던 해, 아들에게 음악적 재능이 있다는 것을 알아챈 아버지는 그를 인근 마을 하인부르크에 보내기로 결심했습니다. 그곳에는 교사이자 성가대 지휘자로 일하던 고모부가 살고 있었고, 집에서 평범하게 자라기보다 음악을 배우는 편이 나을 거라 생각한 것이죠. 물론 집이 너무 가난해 아이를 한 명이라도 덜 양육하고자 하는 목적도 있었지만요.

갑자기 아이를 맡게 된 고모부는 하이든이 마음에 들지 않았고 하이든은 눈칫밥을 먹으며 허드렛일을 했지만, 그곳에서 성악과 바이올린 그리고 하프시코드를 배우며 음악 인생의 첫발을 내디딜 수 있었습니다.

다행히도 행운은 생각보다 빨리 찾아왔습니다. 하이든은 동네 성당 성가대원으로 활동했는데, 어느 날 유명한 성 슈테판 대성당의 음악 감독 게오르크 로이터 2세가 음악에 재능 있는 아이를 찾기 위해 마을을 둘러보던 중 성가대에서 노래하던 어린 하이든을 발견한 것이었죠. 로이터는 하이든의 부모님을 찾아가 성 슈테판 대성당 성가대 오디션을 제안했습니다. 결국 1740년, 오디션에 합격한 하이든은 로이터를 따라 빈으로 유학을 떠나게 됩니다.

그러나 빈에서의 생활은 쉽지 않았습니다. 변성기가 온 하이든은 성가대 활동을 계속할 수 없었고, 가진 것도 없었습니다. 그는 10년이나 힘든 나날을 버텨내야 했죠. 친구의 다락방에 얹혀

살기도 하고, 빌린 생활비를 갚기 위해 헐값에 레슨을 하기도 했습니다. 사랑하는 연인 테레제는 수도원에 들어가 수녀가 되기까지 했어요. 그를 도와준 많은 친구 그리고 절대로 고향에 돌아가지 않겠다는 굳은 결심이 있었기에 그 시간을 버텨낼 수 있었죠.

선배들의 작곡 기법을 공부하며 자신만의 음악 세계를 탄탄히 다지던 하이든은 결국 1759년, 보헤미아 지역의 귀족 모르친 백작 가문의 궁정 악장으로 취임합니다. 하이든 일생의 첫 정규직으로, '교향곡의 아버지'라 불리는 그의 첫 교향곡이 작곡된 것도 바로 이 시기였습니다.

하이든의 인생에도 봄이 찾아온 줄 알았지만… 곧바로 망했습니다. 모르친 백작의 재정 상태가 악화되어 악단이 해산됐고, 하이든은 다시 실업자가 돼 빈으로 돌아와야만 했거든요. 옛사랑 테레제의 언니였던 마리아 아나 켈러와 결혼을 했으나, 이는 하이든 평생에 최악의 선택이었습니다.

마리아는 음악에는 전혀 관심이 없었는데, 하이든이 곡을 써놓은 오선지를 파이 받침으로 쓰거나, 하이든의 노래를 여성이 부른다는 이유로 리허설에 쳐들어가 훼방을 놓기도 했습니다.

심지어 하이든이 낮에 작곡하는 것도 싫어해서, 하이든은 깊은 밤에 작곡하는 습관을 갖게 될 정도였죠. 그는 모두에게 온화한 사람으로 소문이 날 정도였지만, 아내와의 사이는 좋지 않았습니다(결국 두 사람은 서로 애인을 두고 남처럼 지내게 됐어요).

죽음 뒤에도 피할 수 없었던 천재의 고난

모르친 백작 가문을 나온 하이든은 이듬해인 1761년, 음악을 사랑하는 헝가리 귀족 파울 안톤 에스테르하지의 눈에 들어 에스테르하지 가문의 관현악단 부음악 감독에 취임하게 됩니다.

음악 감독이던 베르너의 은퇴가 가까워지자 후계자를 찾던 중이었죠. 베르너를 뒤이어 정식 음악 감독으로 부임하게 된 하이든은 1790년에 퇴직하기까지 교향곡 85곡, 현악 4중주 36곡, 피아노 소나타 17곡, 미사 5곡, 오라토리오 2곡 그리고 15편의 오페라를 남기며 에스테르하지 가문에 헌신했습니다. 에스테르하지 가문의 관현악단은 유럽에서도 손꼽히는 실력을 가졌고, 이는 하이든의 음악적 성장에도 큰 도움이 됐어요.

에스테르하지 가문에서만 음악 활동을 했지만, 하이든은 이미 유럽 전역에 이름을 알리기 시작했습니다. 하이든은 퇴직 이후 런던으로 넘어가 〈런던 교향곡〉 등 후기 대표작들을 작곡하며 큰 성공을 거뒀고, 1795년에 다시 빈으로 돌아와 트럼펫 협주곡 및 현악 4중주 등 후기 걸작들을 남기기도 했어요.

하이든은 유럽에서 가장 유명한 음악가가 됐고, 하이든의 이름이 붙은 공연은 항상 매진이었습니다. 그의 인기에 편승하기 위해 하이든이 작곡했다고 속인 작품도 셀 수 없이 많아, 현재까지도 진위 논란이 있는 곡이 많을 정도죠. 귀족들은 줄을 서서 하

에스테르하지 궁전의 전경

이든을 만나고 싶어 했고, 방문객이 너무 많은 나머지 '오후 2시까지는 손님을 받지 않습니다'라고 공지할 정도였습니다.

1809년에 세상을 떠난 하이든은 가족 묘지에 안장되지만, 편히 잠들 수는 없었습니다. 하이든이 사망할 당시 유럽에서는 뼈의 형태로 사람의 지능과 운명을 알 수 있다는 '골상학'이 유행했는데, 천재적 재능을 가졌던 하이든의 머리뼈를 보고 싶었던 로젠바움과 페터라는 사람이 천재성을 조사한다는 명목으로 하이든의 머리를 잘라 숨겨버렸기 때문이지요.

그의 사후 11년이 지나서야 무덤을 옮기다가 머리가 없어진 사실을 알게 된 에스테르하지 가문이 추격을 시작하자, 하이든의 머리가 11년 만에 제자리로 돌아오게 됐지만 이때 반환된 머리 역시 가짜였습니다.

이후 진짜 하이든의 머리는 100년이 넘도록 여러 사람의 손을 거치며 유럽 이곳저곳을 떠돌았습니다. 사실이 알려지자 오스트리아 정부에서도 적극적으로 개입할 수밖에 없었죠.

결국 빈 음악협회에서 하이든의 머리를 소유하고 있다는 소식을 알게 된 그의 후손들과 오스트리아 정부는 유해 반환 소송에서 승소한 끝에 145년 만에 하이든의 머리를 돌려받을 수 있었습니다.

그런데 앞서 그의 머리가 두 개가 됐다고 했던 말을 기억하나요? 하이든의 후손들은 기존에 같이 묻혔던 가짜 머리를 교체하지 않았습니다. 이는 하이든을 위해 고통을 당했을 누군가를 위로하기 위해서였다고 하네요.

형식과 논리를 완성한 '교향곡의 아버지'

하이든은 100곡이 넘는 교향곡과 68곡의 현악 4중주, 수십 곡의 실내악들을 작곡해, 하이든 이전까지 제각각이었던 교향곡과 실내악의 형식을 정형화시키고 완성했습니다. 그가 이러한 작곡 체계를 잘 정비해 다음 세대에 넘겨주었기에 모차르트, 베토벤 같은 후배 음악가들이 뛰어난 음악을 만들 수 있었어요.

모차르트와 베토벤 역시 그의 제자였는데, 모차르트를 처음 대면한 하이든은 자신의 위치를 위협할지 모를 천재 후배의 연주를 본 뒤 이렇게 말했다고 해요.

"신 앞에서 그리고 정직한 인간으로서 말하는데, 모차르트는 지금까지 내가 아는 그 누구보다 위대한 작곡가입니다. 그는 감각이 뛰어나고, 작곡에 대한 깊은 지식에 통달해 있습니다."

그는 자신보다 24세나 어린 모차르트를 항상 친구처럼 대하며 존중했고, 또 자신의 현악 4중주 작곡 방법을 전수하기도 했습니다. 모차르트는 자신이 작곡한 여섯 곡의 현악 4중주를 하이든에게 헌정하는 등 두 사람은 나이를 뛰어넘은 우정과 존경을 나누었답니다.

반면 베토벤과의 사이는 그리 좋지 못했다고 해요. 너무 바빴던 슈퍼스타 하이든이 선생으로서 가르침에 소홀하다고 생각했던 베토벤은 "그에게서는 배운 것이 없다"라며 1년 만에 제자를 그만뒀고, 하이든은 "베토벤은 새끼 사자처럼 고집불통이다. 자기에게 의미 있는 것만 받아들이고 나머지는 버린다"라며 안타까워했다고 해요.

하이든은 자신의 어린 시절을 생각하며 가난한 음악가들을 지원했고, 제자가 아닌 사람조차 제자라고 소개하며 도와주기도 했는데, 이 때문에 당시의 많은 음악가에게 '아버지'라고 불리며

'파파 하이든'이라고도 불렀습니다. 하이든의 친절하고 온화한 성품과 타인을 잘 살피는 그의 세심함이 더해져 '파파'라는 별명이 만들어지게 된 것입니다.

추천 플레이리스트 ━━━━━━━━●━━━━━━━━━━━━━━━━━━━━━━━

- 조용한 연주 도중 갑자기 '쾅!' 하는 소리로 조는 관객을 깨웠다는 〈**교향곡 94번 '놀람'**〉 2악장
- 현재 독일 국가로 사용되고 있는 멜로디의 원곡 〈**현악 4중주 '황제'**〉 2악장
- 넷플릭스 드라마 〈오징어 게임〉의 기상 음악으로 유명한 〈**트럼펫 협주곡**〉 3악장
- 연주자들이 하나둘씩 퇴장하는 퍼포먼스로 귀족에게 휴가를 달라고 호소했던 〈**교향곡 45번 '고별'**〉
- 똑딱거리는 리듬이 마치 시계 초침 소리 같아 이름이 붙여진 〈**교향곡 101번 '시계'**〉 **2악장**

'똥' 이야기를 잔뜩 쓴 천재 음악가?

음악도 좋지만,
나에겐
자유도 소중해.

살아서는 천재로 불리며, 사후에 그 명성이 더 커진 모차르트.
그는 특히 낭만주의 작곡가들에게 신화와 같은 존재로 여겨졌고, 베토벤, 쇼팽,
슈만, 브람스 등도 그에게 끝없는 경외심을 표현했답니다. 위대한 음악가들이
그를 완벽함의 모델로 삼는 이유는 무엇일까요?

1756년 1월 27일, 볼프강 아마데우스 모차르트가 태어났습니다. 아버지 레오폴트는 잘츠부르크 궁정에서 일하던 음악가였고, 당시 널리 읽히던 바이올린 교본의 저자이기도 했습니다. 그는 어린 아들의 비범함을 누구보다 먼저 알아보았고, 무엇보다 이 '기적'을 세상에 증명하고 싶어 했습니다.

　모차르트의 인생은 곧 기행이었고, 그 기행은 대부분 여행으로 시작됐습니다. 다섯 살의 어린아이가 처음으로 작곡한 곡을 연주할 때, 아버지는 이미 여행 계획을 세우고 있었죠.

　여섯 살이 된 모차르트는 누이 나넬과 함께 유럽 순회 연주를 시작합니다. 말이 순회지, 사실 아이들에게는 꽤 험난한 여정이었습니다. 추운 마차 안에서 몸살을 앓아가며 도착한 도시마다, 이 어린 음악가의 피아노 소리가 울려 퍼졌습니다. 그는 어린 나이에 이미 유럽 주요 도시를 모두 다녔고, 귀족과 교황 심지어 왕족 앞에서도 주저 없이 즉흥 연주를 선보였으며, 어떤 곡이든

피아노 치는 모차르트와 아버지, 누나 나넬의 초상

한 번 듣고 따라 연주했습니다.

이 '신동'의 재능은 유럽 전역을 놀라게 했습니다. 로마에 머물던 열네 살 때는 시스티나 경당에서 연주되던 알레그리의 〈미제레레〉를 한 번 듣고 악보 없이 통째로 외워 재현해 교황청을 발칵 뒤집어 놓았죠.

하지만 그 여정이 화려하기만 한 것은 아니었습니다. 늘 아버지의 엄격한 지도를 받으며, 병든 몸을 이끌고 밤마다 다른 도시에서 연주하기란 아이에게 결코 쉬운 일이 아니었죠. 그럼에도 모차르트는 자신이 만난 도시들의 음악과 문화를 끊임없이 흡수했고, 다른 작곡가들은 흉내 낼 수 없는 다채로운 색채를 만들어 냈습니다.

모차르트의 여행은 음악을 재료 삼아 문명과 정서, 양식과 사람을 조합해 나가는 창조의 여정이었습니다. 이제부터 우리가 함께 따라가야 할 음악의 여정이기도 합니다.

궁정을 박차고 나온 자유로운 영혼

"오늘 아침에도 내가 똥을 쌌다는 것을 당신은 아셔야 합니다. 그리고 그 똥은 아주 잘 나왔어요."

모차르트가 가족에게 보낸 편지 중 일부입니다. 모차르트의 편지를 읽어보면 당황스러울 정도로 직설적인 농담과 장난이 가득합니다. 그것도 화장실 유머, 배설물, 방귀 같은 것들 말이죠.

학자들은 이것이 단순히 미성숙한 장난기가 아닌, 억눌린 사회적 스트레스나 고압적인 귀족 사회에 대한 반발 혹은 자신의 불안을 해소하는 수단이었을지도 모른다고 말합니다. 우리가 기행이라 말하는 그의 '유머'는 세상과 거리를 두고 자신을 지켜낸 방패였던 셈이죠.

특히 잘 알려진 일화 중 하나는, 그가 귀족들 앞에서 연주하던 중 갑자기 피아노에서 내려와 네발로 기어 다니며 동물 흉내를 냈다는 이야기입니다. 이 장면은 버릇없는 장난처럼 보일 수 있지만, 당시 귀족들이 음악가를 하인처럼 대하던 시대적 맥락을 고려하면 달리 보입니다. 모차르트는 귀족들의 권위와 가식을 조롱했고, 자신이 단순한 '예술적 도구'가 아닌 '예술가'임을 당당히 드러냈던 것이죠.

하지만 이 자유로움이 항상 긍정적인 결과를 낳은 것은 아니었습니다. 모차르트는 귀족 사회에서 '버릇없는 음악가'라는 오해를 사며, 안정적인 후원을 받는 데 어려움을 겪기도 했습니다. 하지만 그는 자신의 개성을 억누르지 않았고, 오히려 그것을 음악으로 당당히 펼쳐냈습니다.

16, 17살 무렵의 모차르트는 잘츠부르크의 콜로레도 대주교로부터 음악가로서 연봉을 받기 시작했습니다. 그에게 이 자리는 더할 나위 없이 안정적인 직장이었고, 보수도 괜찮았습니다.

하지만 그는 곧 알게 됩니다. 그곳에서는 자신이 '예술가'가 아니라 '하인'으로 여겨진다는 것을요. 그를 고용한 콜로레도 대주교는 음악가를 궁정의 심부름꾼 정도로 취급했습니다. 모차르트는 예술적 자율성과 인격을 존중받지 못했고, 심지어 대주교는 "모차르트는 작곡을 쥐뿔도 모른다"면서 모욕하기도 했죠.

이후 1777년, 모차르트는 대주교와 격렬한 충돌 끝에 잘츠부르크를 떠나기로 합니다. 그렇게 그는 '궁정을 박차고 나온 최초

모차르트와 대립했던 콜로레도 대주교

의 프리랜서 작곡가'가 됐습니다. 당시에는 무모하고 위험한 결
정이었습니다. 귀족의 후원 없이 음악가로서 독립적으로 생계를
유지하는 일은 거의 불가능했기 때문입니다. 하지만 모차르트는
굴복하지 않았습니다. 자유롭게 작곡하는 음악가가 되기를 꿈꿨
기 때문이죠.

　궁정에서의 불합리한 대우는 그가 이후 작곡한 수많은 작품
에서 날카롭게 드러납니다. 특히 오페라 〈피가로의 결혼〉이나
〈돈 조반니〉처럼 사회 질서와 권위에 의문을 던지는 작품에 그

의 경험이 생생하게 투영돼 있습니다.

잘츠부르크를 떠난 모차르트는 이후 빈으로 향합니다. 그리고 그곳에서 그의 음악 인생은 본격적으로 꽃을 피우게 되죠.

불안과 고통 가운데서 피어난 찬란한 걸작

1781년, 모차르트는 결국 빈에 정착합니다. 빈은 당시 유럽 문화의 중심지이자, 수많은 예술가와 사상가가 모여드는 공간이었습니다. 빈은 모차르트에게 새로운 시작이었고, 동시에 자신을 '진짜 예술가'로 증명해내야 할 무대이기도 했습니다. 후원자 없이 홀로 서는 음악가로서 자신만의 길을 걸어야 했죠. 위험한 모험이었지만, 모차르트는 놀라울 정도로 빠르게 빈 음악계의 주목을 받기 시작합니다.

모차르트를 가장 주목받게 한 장르는 단연 오페라였습니다. 그는 빈에서 이탈리아 오페라의 기법과 독일의 연극 전통을 결합해 완전히 새로운 양식의 무대를 만들어냈습니다. 음악과 드라마가 따로 노는 것이 아니라, 음악이 인물의 감정을 따라가며 서사를 이끄는 구조였죠. 그의 선율은 아름답기만 한 것이 아니라, 사람들의 내면을 꿰뚫었습니다.

그의 오페라인 〈피가로의 결혼〉은 프랑스 혁명 전야의 시대

분위기를 반영하며, 귀족의 권력과 위선을 통렬하게 풍자합니다. 주인보다 똑똑한 하인이 등장하고, 권력을 가진 사람이 자신의 실수 앞에 무너지는 이야기는 당시 귀족 사회를 불편하게 만들었습니다. 그런데도 작품은 너무나 유쾌하고 생생해서, 지금까지도 최고의 오페라로 손꼽히죠.

또 다른 오페라인 〈마술피리〉는 그가 죽기 몇 달 전에 완성한 작품으로, 어린이도 이해할 수 있는 동화적 줄거리에 계몽주의 시대의 철학, 프리메이슨의 상징, 인간의 시련과 성장 같은 복합적인 메시지를 담고 있습니다. 선과 악, 빛과 어둠이 서로 뒤섞이는 이 작품 안에서 모차르트는 음악을 통해 인간의 정신적 여정을 안내하는 안내자가 됩니다.

모차르트는 빈에서 오페라를 통해 깊은 감정과 시대적 통찰을 펼쳐 보였지만, 그의 음악 세계는 거기서 멈추지 않았습니다. 오페라뿐 아니라 협주곡, 교향곡, 실내악에서도 놀라운 성취를 이뤄내며, 그의 음악적 언어가 전체적으로 성숙해졌죠.

그는 피아노 협주곡에서 형식적 틀 안에 놀라운 감정의 유연성을 불어넣었습니다. 예를 들어 모차르트 최초의 단조 협주곡인 〈피아노 협주곡 20번 D단조 K.466〉은 극적인 조성과 긴장감으로, 당대의 고전주의 음악 중 드물게 감정의 격랑을 담아낸 작품으로 평가받습니다. 베토벤 역시 이 곡을 무척 사랑하여, 직접 이를 위한 '카덴차'를 썼을 정도였죠.

그는 교향곡 분야에서도 구조적 완벽성과 감정의 서사를 동시에 성취했습니다. 〈교향곡 41번 C장조 '주피터'〉는 그의 마지막 교향곡이자, 대위법적 구성의 극치로 평가받습니다. 특히 마지막 악장에서는 다섯 개의 주제가 치밀하게 엮이며 푸가처럼 전개되는데, 이는 바로크 시대의 대위법과 고전주의의 조화를 보여주는 결정판이라 할 수 있습니다.

그의 실내악 작품들도 섬세한 감정과 형식적 완성도를 선보입니다. 〈클라리넷 5중주 A장조 K.581〉에서는 독주 악기와 현악기의 균형이 정교하게 이루어지며, 고독과 위로, 사색과 평온이 한 폭의 수채화처럼 펼쳐집니다. 이러한 작품들은 모차르트가 단지 형식만 잘 아는 작곡가가 아니라, 형식 안에 인간의 삶을 녹여낸 예술가였음을 보여줍니다.

그러나 정작 그의 삶은 늘 불안정한 현실 위에 놓여 있었습니다. 빈에서 이룬 음악적 업적과 화려한 겉모습과는 달리 생계를 위해 교습과 공연을 하거나 위촉곡(특정 단체나 연주회가 작곡가에게 공식적으로 의뢰해 새로 창작된 음악 작품) 의뢰를 받으며 돈을 벌어야 했습니다. 부유한 후원자를 구하기 위해 편지를 쓰고 궁정에 작품을 바쳤지만, 돌아오는 것은 많지 않았습니다. 현실이 그의 음악적 찬란함을 따라주지 못한 것이죠.

1782년, 모차르트는 가장 가까운 동반자이자, 가장 많은 고생을 함께한 콘스탄체 베버와 결혼했습니다. 콘스탄체는 음악적으

모차르트의 아내 콘스탄체

로 깊은 조언을 해주진 못했지만, 그의 일상에 안정감을 주려 애썼습니다.

둘 사이에는 여섯 명의 자녀가 있었는데, 그중 네 명은 어린 나이에 세상을 떠나야 했습니다. 반복되는 상실은 모차르트의 마음에 깊은 슬픔을 남겼고, 그 슬픔은 종종 그의 음악 속 깊은 울림으로 스며들었습니다. 특히 그의 성악곡과 종교음악 그리고 후기 작품에 나타나는 고요한 침묵과 감정의 절제는 화려한 피아노 협주곡에서 볼 수 없는 또 다른 얼굴이기도 했죠.

말년의 모차르트는 점점 쇠약해져 갔습니다. 창백한 안색, 체

제자 쥐스마이어에게 〈레퀴엠〉의 작곡을 지시하는 모차르트

중 감소, 쉽게 피로를 느끼는 증상들이 그를 괴롭혔죠. 하지만 그럴수록 더 깊이 몰입하며 작품을 써 내려갔습니다. 결국 그는 생의 마지막 해에 〈마술피리〉, 〈클라리넷 협주곡 A장조 K.622〉, 〈피아노 협주곡 27번〉, 〈레퀴엠〉 같은 걸작들을 연달아 남깁니다.

특히 유작이 된 〈레퀴엠〉은 미완성으로 남아 제자 쥐스마이어에 의해 완성됩니다. 모차르트는 이 곡이 자신의 장례곡이 될 것이라고 직감했다고도 전해지죠. 작품 전체에 스며든 침착한 비애, 불안 그리고 구원에 대한 갈망은 그의 말년 심경을 엿보게 합니다.

완벽한 형식 위에 천상의 선율을 채우다

모차르트는 별처럼 짧게 빛나다 사라졌지만, 그 빛은 아직도 서양 음악의 밤하늘을 찬란하게 비추고 있습니다. 그의 음악은 단지 '아름답다'는 말로는 설명할 수 없는, 인간 본성의 깊은 곳을 건드리는 보편적 감동을 지니고 있습니다.

모차르트의 음악은 균형과 조화, 구조적인 완성도로 자주 언급됩니다. 그는 18세기 고전주의 음악의 규칙을 완벽히 이해했고, 이를 능수능란하게 다루었습니다. 형식을 철저히 따르되, 그 틀 안에서 감정을 자유롭게 펼친 것이죠. 소나타 형식, 론도 형식, 협주곡 구조 등 기존의 음악 형식을 거스르지 않으면서도 그 안에서 극적인 대비, 서정성, 예상치 못한 전환을 통해 음악에 놀라운 생명력을 불어넣었습니다.

생전에 모차르트는 천재로 불렸지만, 그의 명성은 사후에 더 크게 퍼졌습니다. 특히 낭만주의 작곡가들에게는 신화 속 인물 같은 존재였습니다. 베토벤은 "나는 평생 모차르트 찬미자로 남을 것이다"라고 말했고, 쇼팽, 슈만, 브람스 등도 그의 작품을 보며 경외심을 가졌죠.

20세기와 21세기의 작곡가들은 그를 완벽함의 모델로 삼았습니다. 현대음악이 해체와 실험으로 향하는 동안에도 모차르트의 음악은 여전히 조화와 감성, 형식미의 정수로 남았고, 오히려 더 깊이 연구되고 연주됐습니다.

우리는 모차르트를 '음악의 신동'이라 부르지만, 그의 진정한 위대함은 어린 시절의 재능 때문이 아니라, 인간의 삶과 고통, 기쁨과 광기를 음악 안에 가장 순도 높게 담아냈다는 데 있습니다. 그는 신처럼 태어난 천재이기 이전에 슬퍼할 줄 알고, 사랑할 줄 알았으며, 두려움과 마주하며 끝까지 음악으로 생을 견딘 인간이었습니다.

추천 플레이리스트 ───────●─────────────────────────

- 여행의 호기심이 빚어낸 이국적인 선율 〈**피아노 소나타 11번 '터키 행진곡'**〉
- 가식적인 권위를 향한 유쾌한 조롱, 오페라 〈**피가로의 결혼**〉 중 '**더 이상 못 날으리**'
- 화려한 빈의 이면에 숨겨진 고독 〈**피아노 협주곡 20번 D단조 K.466**〉
- 형식의 완성이 이룩한 최후의 찬란함 〈**교향곡 41번 '주피터'**〉 1악장

들을 수 없는 세상에서 비로소 열린 세계

베토벤

평생 독신이었던
베토벤의 숨겨둔 연인은?

고통과 괴로움이야말로
내 음악의
진정한 재료지.

서른을 갓 넘긴 무렵, 베토벤은 처음으로 청력에 이상을 느꼈습니다.
그는 사실을 감추려 했고, 음악가로서 무너질까 봐 두려웠지만 결국 청력을 잃을 수
밖에 없었습니다. 하지만 그 순간, 베토벤은 더 놀라운 작품들을 쏟아냅니다.
그의 절망과 고통은 어떻게 음악으로 다시 태어났을까요?

청력을 잃는다는 것은 음악가에게 어떤 의미일까요? 그것은 마치 화가에게 빛을 빼앗는 일과 같고, 시인에게 언어를 없애는 일과 같을 것입니다. 하지만 베토벤은 소리가 들리지 않는 물리적인 한계 속에서도 작곡을 멈추지 않았죠. 그에게 음악은 단순한 예술적 유희를 넘어 자신을 둘러싼 고립을 극복하는 유일한 소통 수단이었습니다.

　지금 우리가 듣는 베토벤의 선율은 단지 악보의 기호가 아닙니다. 그의 작품에는 치열한 삶의 과정이 반영돼 있죠. 고통과 절망 그리고 그것을 이겨내려는 의지가 악보 위에 기록되었습니다. 그렇게 베토벤은 소리 없는 세상에서 가장 웅장한 음악을 완성해갔습니다.

　오늘날 우리가 그의 음악을 듣는 이유는 그의 선율이 단지 아름답기 때문만은 아닐 것입니다. 그 속에 담긴 고독과 이를 견뎌낸 서사가 우리 각자의 삶과 맞닿아 있기 때문이죠. 이제 침묵 속에서도 멈추지 않았던 베토벤의 삶과 그 치열했던 여정을 차근히 따라가 보려 합니다.

불같은 청년, 운명과 만나다

1770년 12월 17일, 독일 본에서 한 아이가 세례를 받습니다. 그의 이름은 루트비히 판 베토벤. 세례일 바로 전날 태어났을 것으로 추정되는 이 아이는 훗날 '운명'과 가장 가까운 이름으로 불릴 인물이었습니다. 그는 명망 있는 가문에서 태어나지는 않았지만, 한 시대를 뒤흔들고도 남을 열정과 의지를 품고 이 땅에 왔습니다.

그의 아버지 요한은 술과 절망에 젖은 삶 속에서도 아들의 재능만은 알아보았습니다. 그는 베토벤에게 혹독하게 음악을 가르치며 베토벤을 '제2의 모차르트'로 만들고자 했습니다. 어린 베토벤은 친구들과 어울리는 시간보다 악기 앞에서 보내는 시간이 많았고, 이미 평범한 삶과는 조금 다른 길을 걷기 시작한 것이었죠.

그런 베토벤에게 전환점이 된 것은 17세 무렵, 빈으로의 첫 여행이었습니다. 그곳은 음악의 수도이자, 모차르트의 도시였습니다. 전해지는 이야기로는 베토벤이 모차르트를 만나 연주를 들려주었고, 모차르트가 그에게 "이 소년을 주목하라. 머지않아 세상을 놀라게 할 것이다"라고 말했다고도 하죠.

하지만 모차르트와의 교류는 오래 이어지지 않았습니다. 베토벤이 빈에 도착한 지 얼마 되지 않아 어머니가 병으로 세상을 떠났고, 그는 갑작스레 본으로 돌아와야 했습니다. 사랑하는 어머니를 잃은 슬픔 속에서 그는 가족의 생계를 책임져야 했고, 어린 동생들을 돌보며 음악가로서의 길을 놓치지 않기 위해 버텨야 했습니다. 그의 음악 속에 숨어 있는 단호함과 결기, 날 선 감정은 어쩌면 이 시기의 고독과 무력감에서 비롯된 것인지도 모릅니다.

다시 빈으로 향한 것은 1792년, 이번에는 진짜 시작을 위해서였습니다. 그는 '하이든의 제자'라는 이름으로 새로운 출발선에 섰고, 본격적인 고전주의 교육에 뛰어듭니다. 하이든은 당시 유럽에서 가장 존경받는 작곡가였고, 베토벤은 그 아래에서 작곡과 형식, 대위법과 화성의 정수를 익혀 나갑니다. 하지만 불같은 기질을 가진 젊은 베토벤에게 단정하고 규범적인 고전주의는 때로 족쇄처럼 느껴졌습니다.

그는 하이든을 존경했지만, 맹종하지는 않았습니다. 스승의 눈을 피해 다른 이들에게 작곡을 배우기도 했고, 자신만의 감정과 의지를 형식 안에 억누르지 않으려 했습니다. 그는 음악 안에서 자유롭고자 했고, 자기 자신이고자 했습니다.

그 정신은 그가 남긴 초기 피아노 소나타들 속에서도 뚜렷이 드러납니다. 특히 〈피아노 소나타 8번 '비창'〉에서는 단단한 고전적 틀 안에서도 젊은 베토벤 특유의 긴장과 격정을 분명히 느낄 수 있습니다.

이 시기, 베토벤은 귀족들의 후원을 받으며 연주자로서도 주목받기 시작합니다. 그가 피아노 앞에 앉으면, 청중들은 숨을 죽이고 손끝을 바라보았습니다. 엄격한 형식 안에서 솟구치는 격정, 절제된 움직임 속에서도 무너지듯 터져 나오는 선율. 그는 단순한 연주자가 아니라 삶을 연주하는 사람이었습니다.

격동의 시대, 고전주의를 넘어서다

1790년대 유럽은 거대한 소용돌이 속에 있었습니다. 프랑스 혁명이 일어나 귀족들이 단두대에 올랐고, 나폴레옹이 유럽 대륙을 가로질렀습니다. 질서와 권위는 흔들렸고, 전통과 규범은 새롭게 정의됐으며, 자유와 존엄이라는 새로운 가치는 거센 파도처럼 모든 분야를 덮쳤습니다. 음악 역시 그 거대한 변화 속에서 방향을 바꾸기 시작했죠.

베토벤은 그 시대 한가운데에 있었습니다. 그는 고전주의의 가장 정제된 기술을 익혔지만, 동시에 시대의 균열을 가장 민감하게 감지한 예술가이기도 했습니다. 18세기의 음악이 질서와 비례, 형식의 균형을 중시했다면, 19세기로 넘어가는 음악은 감정의 진실성과 인간 정신의 자유를 노래하기 시작했습니다. 베토벤은 그 다리 위에 서 있었고, 그 다리를 통과한 최초의 작곡가였습니다. 그 전환이 가장 분명하게 드러나는 작품이 바로 〈교향곡 3번 '영웅'〉입니다.

처음 이 교향곡이 연주됐을 때, 많은 청중은 혼란스러웠습니다. 너무 길었고, 급진적이었으며, 낯설었습니다. 기존의 교향곡처럼 정돈된 형식이 아니라, 거칠고 광활한 서사시에 가까웠죠.

1악장은 굵은 붓질로 운명을 내리치는 듯 시작됐고, 2악장은 장송행진곡처럼 무겁고 장중하게 흘렀으며, 마지막까지도 음악이 향하는 종착점이 분명하지 않아 긴장감이 감돌았습니다. 이 곡은 단순히 청중을 감동시키기 위해 쓰인 음악이 아니었습니다. 한 인간이 어떻게 고통과 싸우고, 다시 일어서는지를 표현한 서사적 고백이었습니다.

베토벤은 이 작품의 악보 머리에 "보나파르트Bonaparte"라는 이름을 적었습니다. 나폴레옹을 자유와 혁명의 상징으로 여겼기 때문입니다. 그러나 나폴레옹이 황제로 즉위했다는 소식을 듣고 분노에 휩싸여 이름을 지워버립니다. 자유를 약속하던 이상이 권력 앞에 무너지는 현실에 좌절하고 분노했던 것이죠.

〈교향곡 3번 '영웅'〉은 바로 그런 이상과 좌절 그리고 이상을 잃고도 끝내 희망을 포기하지 않는 정신의 교향곡이었습니다.

악보에서 '보나파르트'를 지운 흔적

이것이 고전주의와의 결별이자, 낭만주의의 서막이었습니다. 형식을 파괴하지 않되, 그 안에 담는 감정의 크기와 의미를 완전히 뒤바꾼 것. 베토벤은 그렇게 음악의 기능과 목적 자체를 바꾼 사람이었습니다.

베토벤은 더 이상 예술을 위로와 장식으로 보지 않았습니다. 그는 음악을 통해 인간 정신의 고통과 투쟁, 극복을 이야기하려 했습니다. 그것이 때로 너무 격렬해서 청중을 불편하게 만들더라도 멈추지 않았습니다. 감정을 숨기지 않았고, 미화하지 않았으며, 절망조차 음악 안에 그대로 옮겨 놓았습니다.

그래서 그의 음악은 듣는 이로 하여금 고통을 외면할 수 없게 만듭니다. 그리고 이러한 시선은 이후 수많은 낭만주의 작곡가들에게 길이 됐습니다.

청력을 잃은 고통, 그 속에 피어난 자유

'세상이 들리지 않는다.'

베토벤이 처음으로 청력에 이상을 느낀 것은 서른을 갓 넘긴 무렵이었습니다. 처음에는 귓속이 울리고, 고음이 어지럽게 퍼졌습니다. 사람들의 말소리가 자주 뭉개져 들렸고, 연주 도중에도 음이 갑자기 사라지는 순간이 있었습니다. 그는 사실을 감추려 했고, 자신을 속이려 했지만 청력은 점점 더 사라져갔습니다. 그가 느낀 공포는 단순한 의학적 두려움이 아니었습니다. 예술가로서의 정체성, 자신이 사랑하는 세계와의 연결 고리가 끊어지는 고통이었습니다.

하지만 청력이 거의 사라진 이후, 베토벤은 더 놀라운 작품들을 쏟아냅니다. 그중 대표적인 곡이 바로 〈피아노 소나타 14번 '월광'〉입니다.

이 곡의 1악장은 조용하고 잔잔하지만, 깊은 울림을 남깁니다. 밤의 침묵 속을 걷는 듯한 단조의 흐름은 마치 베토벤 내면의 고백처럼 들리기도 하죠. 흔히 낭만적인 사랑 이야기로 포장되곤 하지만, 이 음악에는 말로 설명할 수 없는 고요한 비애와 절제된 고통이 흐릅니다. 이는 더 이상 들을 수 없는 세상이, 자신의 손끝을 통해 다시 열릴 수 있다는 믿음에서 비롯된 것이었을지도 모릅니다.

베토벤은 이전과는 완전히 다른 음악가가 됩니다. 〈피아노 소나타 23번 '열정'〉, 〈교향곡 5번 '운명'〉, 〈교향곡 6번 '전원'〉이 모두 청력을 상실한 이후의 작품이죠. 하지만 이 곡들은 결코 어둡지 않습니다. 오히려 인간과 자연, 운명과 자유, 절망과 환희 사이를 오가며 한 인간이 어떻게 삶을 끌어안고 음악으로 승화시키는지 보여주는 기록입니다.

"빱밤밤밤~"으로 시작되는 네 개의 음표는 음악사에서 가장 유명한 음형 중 하나가 됐습니다. 〈교향곡 5번 '운명'〉에서 그는 절망을 표현하는 대신 의지와 투쟁의 서사를 만들어 낸 것이죠. 그는 비극을 외면하거나 회피하지 않았고, 오히려 그것을 온전히 끌어안고 음악 안에 녹여냈습니다. 그것이 베토벤이 가진 진정한 위대함입니다.

이런 강인함은 베토벤의 삶의 방식에서도 고스란히 드러납니다. 그는 부유한 귀족들의 후원을 받았지만, 그 누구의 고용인도 아니었습니다. 직접 작품을 발표하고 수익을 협상하며, 후원을 받되 지배받지 않았습니다. 그리하여 그는 음악사에서 처음으로 경제·예술적으로 독립한 '프리랜서 작곡가'로 평가받게 됩니다.

비슷한 시대를 살았던 모차르트 역시 궁정을 떠나 자유로운 예술가로 살고자 했지만, 그 자유는 언제나 불안정한 수입과 화려한 생활 방식의 모순 속에서 위태롭게 흔들렸습니다. 반면 베토벤은 절제된 삶과 명확한 창작 기준을 고수했고, 작품에 대한 대가를 스스로 협상하며 생계를 이어갔습니다.

청력을 잃고도 삶을 유지할 수 있었던 것은 단지 그의 명성 때문이 아니라, 예술가로서 스스로 존엄을 지킨 태도 덕분이었습니다.

이름 없는 편지 위에 남긴 불멸의 사랑

1812년 7월, 낯선 도시의 어느 호텔 방. 베토벤은 종이를 펼쳐, 흔들리는 손으로 편지를 씁니다.

"나의 천사, 나의 전부, 나의 자아."

편지는 사랑의 고백으로 시작됐고, 고통의 혼잣말로 끝났습니다. 총 세 장으로 나뉜 이 편지는 '불멸의 연인'에게 쓰인 것으로, 베토벤 사후에 발견됐으며 누구에게도 보내지지 않았습니다. 주소도, 수신자 이름도, 서명조차 없습니다. 다만 단어 하나하나에 맺힌 감정의 밀도가 그가 누군가를 강렬하게 사랑했고, 처절하게 외로웠다는 사실을 증명합니다.

이 불멸의 연인은 누구였을까요? 학자들은 다양한 인물을 떠올렸습니다. 줄리에타, 테레제, 요제피네… 모두 베토벤의 인생에 등장했던 실제 인물들입니다. 귀족 가문의 딸이었고, 예술적 감각이 뛰어났으며, 때로는 그를 따뜻하게 이해해주었던 사람들이었죠. 하지만 공통점이 하나 있었습니다. 결코 사랑을 이룰 수 없는 사이였다는 것.

베토벤은 평생 독신으로 살았습니다. 그의 편지들은 애틋하

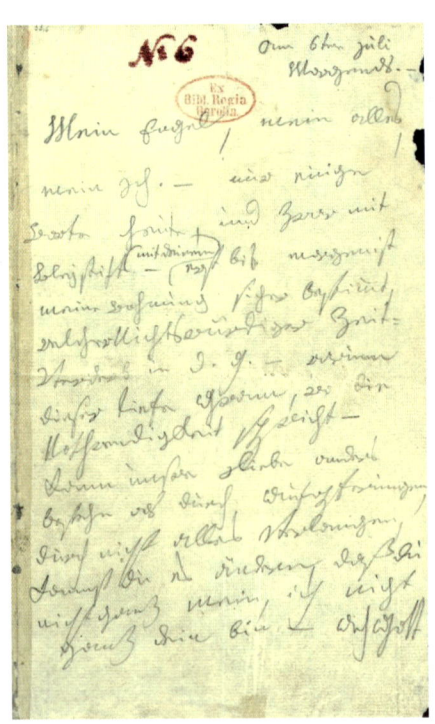

불멸의 연인에게 쓴 편지의 첫 장

고, 절절하고, 치열했지만 항상 끝에는 단념과 고독이 있었죠. 왜냐하면 그는 감정적으로 불안정했고, 스스로 감당할 수 없을 만큼 예민했기 때문입니다.

하지만 그가 남긴 음악은 현실에서의 사랑과는 달랐습니다. 그의 〈현악 4중주 14번 C#단조〉 혹은 〈피아노 소나타 30번〉~〈피아노 소나타 32번〉에서는 극단적으로 정제된 감정, 맑은 고독 그리고 절제된 사랑이 들립니다. 현실에서 이루지 못한 사랑을 음악이라는 또 다른 세계 안에서 끝내 포기하지 않은 베토벤의 이야기였겠지요.

운명을 뚫고 흐르는 화합의 노래

1824년 5월 7일, 빈의 케른트너토어 극장. 객석은 사람들로 가득했고, 모든 시선은 무대 위를 향했습니다. 무대 위에는 청력을 잃은 노장 베토벤이 서 있었죠. 베토벤은 지휘자 옆에서 악보를 넘기며 단원들에게 박자를 지시하고 있었습니다.

연주가 모두 끝나고 극장을 가득 채운 기립박수와 환호가 터져 나왔을 때도, 베토벤은 여전히 오케스트라 쪽을 향해 서 있었습니다. 뒤편에서 일어나는 열광적인 반응을 전혀 듣지 못했기 때문이죠. 이때 알토 솔로 가수였던 카롤리네 웅거가 다가와 그의 소매를 잡아 관객석 쪽으로 돌려세웠고, 그제야 그는 사람들이 모자를 흔들며 환호하고 있다는 사실을 눈으로 확인했습니다. 이날 초연된 곡은 〈교향곡 9번 '합창'〉이었습니다.

이 작품의 4악장에서 등장하는 시는 독일 시인 프리드리히 실러 〈환희의 송가〉입니다. "기쁨이여, 아름다운 신들의 불꽃이여…"로 시작하는 이 시는 베토벤이 젊은 시절부터 사랑했고, 언젠가 음악으로 완성하고자 다짐한 구절이었습니다. 그는 이 시에서 인간의 평등, 자유 그리고 고통 너머에 있는 화합의 가능성을 보았던 것이죠.

〈교향곡 9번 '합창'〉의 전개는 마치 한 사람의 인생처럼 흘러갑니다. 어두운 서주序奏에서 시작해, 중간의 스케르초에서는 투쟁과 불안을 거치고, 3악장에서 침묵 같은 평화가 펼쳐진 후, 마침내 4악장에서 인간의 목소리가 등장하죠.

베토벤이 교향곡에 사람의 목소리를 도입한 것은 실러의 시가 갖고 있는 인류 화합의 가치를 직접적으로 전달하고자 했던 음악적 결단이었습니다. 그는 이 작품을 끝으로 더 이상 교향곡을 남기지 않았죠. 그리고 그로부터 3년 뒤인 1827년 3월 26일, 수많은 사람이 지켜보는 가운데 생을 마감했습니다.

우리는 종종 베토벤을 성인聖人에 비유하곤 합니다. 하지만 그는 신격화된 존재이기 이전에 육체적 한계와 싸웠고, 고독 속에서도 자신의 예술적 신념을 굽히지 않았던 강인한 인간이었습

베토벤의 장례 행렬

니다. 그의 음악이 오늘날에도 우리에게 깊은 울림을 주는 이유는 그가 남긴 선율 속에 삶을 향한 치열한 투쟁과 극복의 과정이 정직하게 기록되어 있기 때문일 것입니다.

추천 플레이리스트 ─────●

- 고전의 틀 안에서 터져 나온 청년 베토벤의 서늘한 고백 〈**피아노 소나타 8번 '비창'**〉 1악장
- 거대한 시대를 향한 혁명의 발걸음 〈**교향곡 3번 '영웅'**〉 1악장
- 닫혀가는 청력의 공포를 내면의 평온으로 승화시킨 불멸의 선율 〈**피아노 소나타 14번 '월광'**〉 1악장
- 고통을 관통해 도달한 인류의 화합 〈**교향곡 9번 '합창'**〉 4악장

전기 낭만 시대

Part 4. Playlist

Intro

규칙과 형식 대신
자유롭고 솔직하게

1840년대 파리의 어느 밤, 콘서트홀은 숨죽인 관객들로 가득합니다. 무대에 한 남성이 등장하자 소녀들은 소리를 지르며 의자를 박차고 일어섰고, 기자들은 그를 뒤쫓느라 정신이 없습니다. 어떤 사람은 그의 손수건을 얻으려고 사람들을 밀치기도 하고, 머리카락 한 올이라도 얻기 위해 몰려듭니다.

이 남성의 이름은 '프란츠 리스트', 19세기 유럽을 뒤흔든 최초의 슈퍼스타 피아니스트였고, 그의 연주회는 오늘날 아이돌 콘서트 못지않은 열광의 현장이었습니다. 언론은 이 현상을 '리스토마니아Lisztomania'라고 불렀으며 실제로 파리와 베를린, 런던의 기사마다 리스트에 열광하는 팬들의 이야기가 넘쳐났습니다. 한 독일 신문은 "리스트의 연주회가 열리는 날, 도시 전체가 들썩였다"라고 전하기도 했죠.

낭만 시대의 문은 이렇게 화려하게 막을 엽니다. 음악은 더 이상 왕과 귀족, 교회만의 것이 아닌 사랑, 열정, 고독, 자유 그리고 때로는 광기까지 한 사람의 마음 깊은 곳을 거침없이 드러내는 예술로 변모했습니다. 무엇이든 될 수 있고, 무엇이든 표현할 수 있었던 시대. 작곡가들은 자신의 이야기를 음악에 담아냈고, 청중들은 그 음악에 울고 웃었으며, 때로는 연주자를 열광적으로 사랑했습니다.

규칙과 형식을 넘어 감정을 표현하다

낭만 시대는 인간의 내면과 감정을 전면에 내세운 시기였습니다. 이전의 고전 시대가 균형과 질서, 명확함을 추구했다면, 낭만 시대는 '마음이 시키는 대로'라는 신념 아래 자유롭고 솔직하게 감정을 표현하는 것이 핵심이었죠.

베토벤이 마지막 교향곡에서 〈환희의 송가〉를 외친 뒤 슈만, 쇼팽, 리스트, 멘델스존, 브람스, 차이콥스키 등 수많은 작곡가가 등장해 각자의 방식으로 사랑과 슬픔, 자연과 환상, 인간의 내면을 노래했습니다.

이 시대의 음악회장은 조용히 앉아 듣기만 하는 곳이 아니었습니다. 청중은 음악을 들으며 환호를 보냈고, 눈물을 흘렸죠. 음악은 더 이상 배경이 아니라 삶의 중심이자 열정의 무대가 됐습니다. 거실 한가운데는 피아노가 자리 잡았고, 누구나 음악으로 자신의 감정을 표현할 수 있는 시대가 열렸답니다.

낭만 시대의 작곡가들은 자신의 이야기를 음악에 담았습니다. 슈만은 사랑하는 클라라를 위해 〈헌정〉과 〈시인의 사랑〉을, 쇼팽은 조국 폴란드에 대한 마음을 녹여낸 〈혁명〉과 〈폴로네즈〉를, 브람스는 평생을 짝사랑한 클라라 슈만을 향한 마음을 교향곡과 실내악에 담아냈죠.

이처럼 낭만 시대의 음악은 규칙과 형식보다 나만의 목소리와 감정을 중요시했고, 이를 뜨겁고 솔직하며, 자유롭게 표현했습니다.

비운에 스러진 가곡의 왕

슈베르트

짧은 생애 동안
수백 곡의 가곡을 남겼다고?

나의 음악은 가난과
고통, 슬픔이
만든 것들이야.

서른한 살이 된 슈베르트는 생애 첫 대중 연주회를 열었습니다.
연주회는 대성공을 거두었고, 마침내 그에게도 명성이 찾아오는 듯했지만
만성 질환으로 몸이 쇠약했던 그는 결국 숨을 거둡니다.
짧은 생을 예술로 불태웠던 천재, 그는 어떤 삶을 살았을까요?

다음 페이지에 두 개의 초상화가 있습니다. 왼편의 남성은 맑고 지적인 눈매에 부드러운 곱슬머리를 한, 누가 봐도 귀티가 나는 청년이고, 오른편의 남성은 듬성듬성 탈모가 온 머리에 몸이 부어 있는 아저씨입니다. 놀랍게도 이 그림은 모두 '가곡의 왕'으로 불린 프란츠 슈베르트를 그린 것입니다. 두 그림은 불과 10여 년 사이에 그려졌다고 해요.

그리 길지도 않은 시간 동안 귀티가 나던 청년을 변하게 만든 것은 대체 무엇이었을까요? 그의 변화는 짧은 생을 예술로 불태웠던 한 천재가 겪은 삶의 굴곡을 고스란히 보여줍니다.

오직 음악만으로 살아가겠다는 결심

슈베르트는 1797년, 오스트리아 빈 교외의 가난한 초등학교

젊은 시절의 슈베르트(1814)와 병마와 싸우던 시절의 슈베르트(1827)

교장 선생님의 아들로 태어났습니다. '교장'이라는 직함은 안정적이었을지 몰라도, 그의 집은 부유하지 않았습니다.

슈베르트의 부모는 무려 14명의 자녀를 낳았지만, 당시의 열악한 의료 환경 탓에 아홉 명의 아이가 갓난아이 때 세상을 떠났고, 다섯 명의 아이만이 간신히 성인이 될 때까지 살아남았습니다. 슈베르트는 열네 아이 중 열두 번째 아이였죠. 이처럼 대가족을 부양해야 했던 아버지의 어깨는 늘 무거웠고, 가정 형편은 언제나 빠듯했습니다.

아버지는 아들이 자신처럼 안정적인 교사가 되기를 바랐지만, 슈베르트의 재능은 학교 울타리 안에 가두기에는 너무나 비범했습니다. 그는 어릴 때부터 아버지께 바이올린을, 큰형에게 피아노를 배우며 음악에 눈을 떴고, 그의 재능을 알아본 동네 교회 오르가니스트로부터는 "내가 가르치려 하면 그는 이미 다 알고 있었다"라는 말을 들을 정도였습니다.

열한 살에는 아름다운 목소리 덕분에 빈 왕궁의 소년 합창단에 장학생으로 선발됐습니다. 최고의 음악 교육을 받을 기회였지만, 가난한 집 소년에게 기숙학교 생활은 척박하기 그지없었습니다. 그는 늘 배고픔과 추위에 시달렸고, "가끔 사과 한두 개라도 사 먹을 수 있게 용돈 좀 보내주세요"라는 편지를 집에 보내기도 했습니다. 가난은 그의 삶을 내내 따라다니는 족쇄와도 같았습니다.

변성기가 지나 합창단을 나온 슈베르트는 강권에 못 이겨 결국 아버지가 교장으로 있는 학교의 보조 교사가 됐습니다. 하지만 아이들을 가르치는 일은 그의 적성에 맞지 않았습니다. 그의 마음과 영혼은 온통 음악에 대한 열정으로 가득 차 있었으니까요.

지루한 수업 시간, 그의 머릿속에서는 계속해서 새로운 멜로디가 떠올랐습니다. 그는 수업 중에도 틈만 나면 오선지를 꺼내 작곡했고, 바로 이 시기에 그의 초기 걸작들이 탄생했습니다. 열일곱 살에 만든 가곡 〈물레 잣는 그레첸〉은 듣는 이들을 충격에 빠뜨렸고, 이듬해 만든 〈마왕〉은 그의 천재성을 세상에 알리는 결정적 계기가 되었습니다.

슈베르트의 〈마왕〉 자필 악보

재미있는 사실은 슈베르트가 존경하던 대문호 괴테에게 이 〈마왕〉의 악보를 보냈는데, 괴테는 아무런 답장 없이 악보를 돌려보냈다고 합니다. 이미 유명인이었던 그가 당시 무명 청년이던 슈베르트의 음악을 제대로 알아보지 못했던 것이죠.

결국 슈베르트는 3년 만에 교사직을 그만두고, 친구 프란츠 폰 쇼버의 집에 얹혀살며 오직 음악만으로 살아가겠다는 야심을 가졌습니다. 안정된 수입도, 든든한 후원자도 없는 프리랜서 작곡가의 결심이었지요.

그는 평생 제대로 된 직업을 갖지 못했고, 자기 소유의 피아노도 가져본 적이 없었습니다. 출판사들은 그의 악보를 헐값에 사들였고, 그마저도 거절당하기 일쑤였죠. 하지만 그런 슈베르트에게는 돈보다 귀한 재산이 있었으니, 바로 '친구들'이었습니다.

시인, 화가, 가수 등 예술을 사랑했던 그의 친구들은 슈베르트의 재능을 누구보다 아꼈고, 기꺼이 자신들의 방을 작업실로 내어주었습니다.

특히 당대의 유명 성악가였던 요한 미하엘 보글과의 만남은 슈베르트에게 큰 힘이 됐습니다. 친구들은 슈베르트의 신곡이 나오면 함께 모여 작은 음악회를 열었는데, 이곳에서 보글이 슈베르트의 가곡을 부르며 그의 음악을 대중에게 알리는 데 결정적인 역할을 했었죠. 이것이 바로 '슈베르트의 밤(슈베르티아데)'

'슈베르트의 밤'의 풍경

의 시작이었습니다. 이 자리에서 슈베르트는 수줍게 피아노를 연주했고, 친구들은 그의 음악에 환호하며 가난한 천재를 위로 했다고 합니다.

절망이 가져다준 처절한 깊이

친구들과의 우정 속에서 소박한 행복을 이어가던 1822년의 겨울, 슈베르트의 삶을 송두리째 무너뜨리는 비극의 그림자가 드리웠습니다. 스물다섯의 젊은 작곡가에게 내려진 진단은 당시 죽음 선고나 다름없었던 매독이었습니다.

고통은 두 가지 모습으로 그를 덮쳤습니다. 첫째는 병 자체가 주는 끔찍한 괴로움이었습니다. 그의 몸은 끊임없는 두통과 열, 흉측한 피부 발진으로 서서히 망가져 갔습니다. 둘째는 병을 고치기 위한 치료법이 주는 또 다른 고통이었습니다. 당시 유일한 치료법으로 알려진 수은 요법은 사실상 몸에 독을 주입하는 것이었습니다. 그는 이 끔찍한 치료의 부작용으로 머리카락이 뭉텅이로 빠져 한동안 가발을 써야 했고, 온몸은 통통 부어올랐습니다.

한때 맑고 지적인 눈매로 주변의 호감을 샀던 청년 슈베르트는 이제 어디에도 없었습니다. 거울 속에 비친 것은 병색이 완연하고, 낯설게 부어오른 모습뿐이었죠. 그는 친구 레오폴트 쿠펠 비저에게 보내는 편지에 이렇게 썼습니다.

"나는 세상에서 가장 불행하고 비참한 사람이라고 생각하네. (…) 매일 잠자리에 들 때마다 다시는 깨어나지 않기를 바라네."

육체의 붕괴는 그의 정신마저 갉아먹고 있었습니다.

그러나 가장 깊은 어둠 속에서 가장 눈부신 별이 빛나듯, 슈베르트의 천재성은 바로 이 절망의 구렁텅이에서 위대한 불꽃을 피워 올리기 시작했습니다. 바로 이 시기에 그의 가장 유명한 교향곡 중 하나인 〈교향곡 8번 '미완성'〉이 탄생한 것이죠.

장엄하면서도 비극적인 1악장과 애틋한 아름다움을 담은 2악장만으로도 완벽한 이 곡은, 마치 자신의 삶이 더 이상 예전 같을 수 없다는 것을 예감한 듯 깊은 우수와 체념을 담고 있습니다.

병원에 입원해 고통스러운 나날을 보내면서도 그는 펜을 놓지 않았습니다. 그리고 이때 자신의 처지를 투영한 듯한 연가곡집 〈아름다운 물방앗간의 아가씨〉를 작곡했습니다. 희망에 부풀었던 젊은이가 사랑에 실패하고 죽음에 이르는 이 비극적인 이야기는, 슈베르트가 겪고 있던 절망의 깊이를 고스란히 담아낸 처절한 독백과도 같았죠.

질병은 그의 삶과 외모를 무참히 무너뜨렸지만, 그의 예술혼만큼은 결코 꺾지 못했습니다. 고통은 오히려 그의 음악에 전에 없던 깊이와 비장미를 더해주었고, 슈베르트가 사람들에게 영원히 칭송받을 수 있는 음악가가 될 계기를 마련해줬습니다.

시에 선율을 입힌 낭만주의의 서정 시인

병마의 고통 속에서도 슈베르트는 오히려 자신의 남은 생명이 얼마 남지 않았음을 직감한 듯, 마지막 힘을 다해 영혼을 불태웠습니다. 그의 생애 최고의 걸작으로 꼽히는 연가곡집 〈겨울 나그네〉, 〈교향곡 9번 '그레이트'〉와 최후의 피아노 소나타들이 모두 이 마지막 2년간 탄생한 것이죠. 이는 죽음을 눈앞에 둔 사람만이 도달할 수 있는 엄청난 경지였습니다.

그러던 1827년 3월, 빈 음악계를 뒤흔든 사건이 일어났습니다. 바로 악성樂聖 베토벤이 세상을 떠난 것입니다. 슈베르트는 평생 베토벤을 존경했지만, 내성적인 성격 탓에 몇 번 마주쳤을 뿐 제대로 된 교류는 나누지 못했습니다. 그런데도 슈베르트는 위대한 선배의 장례식에 참석하여, 횃불을 들고 운구 행렬의 뒤를 따르며 비통한 마음으로 마지막 길을 배웅했습니다.

장례식이 끝난 후, 슈베르트는 친구들과 함께 한 선술집에 들렀습니다. 그는 잔을 들어 첫 번째 건배를 제안했습니다.

"우리가 방금 묻은 위대한 거장을 위하여."

잠시 후, 그는 다시 한번 잔을 채우고는 비장하게 말했습니다.

"다음 차례가 될 사람을 위하여."

마치 자신의 운명을 예언하는 듯한 말에 친구들은 아무 말도 하지 못했습니다.

베토벤이 떠난 지 1년이 지난 1828년 3월, 슈베르트는 자신의 작품만으로 구성한 생애 첫 대중 연주회를 열었습니다. 연주회는 대성공을 거두었고, 마침내 그에게도 대중적 명성이 찾아오는 듯했습니다.

하지만 또다시 불운이 따랐습니다. 얼마 지나지 않아 바이올린의 귀재 파가니니가 빈에 도착했고, 대중의 모든 관심이 순식간에 이 새로운 스타에게 쏠린 것입니다. 슈베르트의 성공은 짧은 봄날의 꿈처럼 허무하게 잊혔습니다.

그해 가을, 슈베르트는 결국 자리에 눕고 말았습니다. 만성 질환으로 쇠약해진 몸에 장티푸스까지 겹친 것이었죠. 그러던 1828년 11월 19일, 그는 형 페르디난트의 품에 안겨 31년이라는 짧은 생을 마감했습니다. 그의 마지막 소원은 베토벤 곁에 묻어달라는 것이었습니다.

친구들이 십시일반 돈을 모은 덕분에 슈베르트는 그의 원대로 베토벤이 묻힌 빈의 베링 묘지에 안장됐습니다. 그리고 그의 묘비에는 시인 프란츠 그릴파르처가 쓴 글귀가 새겨졌습니다.

"음악은 여기 소중한 보물을, 그리고 그보다 더 큰 희망을 묻었노라."

그의 육신은 비록 병들고 스러져갔지만, 그가 남긴 600여 편의 가곡과 수많은 걸작은 200년이 지난 지금까지도 우리의 곁에 영원히 남아 그가 부르고 싶었던 노래를 계속해서 들려주고 있습니다.

추천 플레이리스트 ————●———

- 드라마 〈SKY 캐슬〉 등에서 긴장감을 주는 음악으로 쓰인 1인 4역의 가곡 〈**마왕**〉
- 영화 〈셜록홈즈〉 등에 쓰인 명랑한 실내악 〈**피아노 5중주 '송어'**〉 **4악장**
- 종교를 초월하여 전 세계적으로 사랑받는 치유의 기도곡 〈**아베 마리아**〉
- 수많은 드라마의 로맨스 장면에 삽입된 슈베르트 최고의 사랑 노래 가곡집 〈**백조의 노래**〉 **중 '세레나데'**
- 초등학교 청소 시간이나 운동회 때 단골로 나오는 경쾌한 행진곡 〈**군대 행진곡**〉

쇼팽

'폴란드'의 영혼을 음악에 담았다고?

기교보다 중요한 것은 호흡과 여백이야.

쇼팽은 건반을 통해 가장 인간적인 목소리를 들려주는 예술가였습니다.
폴란드의 애수와 정서, 고독한 병자의 섬세한 감정, 살롱 문화의 우아함 그리고
불완전한 사랑의 아련한 상처까지 고스란히 담아 냈죠. 기계적인 연습곡마저
예술의 경지로 끌어올린 그의 삶은 과연 음악처럼 아름다웠을까요?

1810년, 폴란드 바르샤바 인근의 작은 마을에서 한 아이가 태어났습니다. 이름은 프레데리크 쇼팽. 전 세계가 사랑하는 '피아노의 시인'이 삶을 시작한 순간이었죠.

아마추어 음악가였던 부모님 덕분에 쇼팽은 자연스럽게 음악을 접했고, 바르샤바 음악원에서 폴란드 전통 음악과 유럽 고전 음악의 정수를 흡수했습니다. 특히 폴란드 민속 춤곡인 마주르카와 폴로네즈의 리듬은 훗날 그의 음악 DNA 속에 깊이 새겨졌습니다.

흙 한 줌을 쥔 채 떠난 망명의 길

만 19세가 되던 1829년, 그는 마침내 처음으로 조국을 떠나 해외 무대에 서게 됩니다. 도착한 곳은 오스트리아의 빈이었습니다. 첫 연주회 이후에 청중들은 한순간에 그를 주목하기 시작 했습니다.

당시 독일의 젊은 음악가였던 로베르트 슈만도 쇼팽의 연주를 듣고는 "모자를 벗어 천재의 등장에 경외를 표합시다!"라고 평론할 정도였죠.

그러나 성공의 달콤함도 잠시, 쇼팽은 조국 폴란드에서 러시아에 저항하는 '11월 봉기'가 발발했다는 소식을 듣게 됩니다. 당장이라도 참전하려 했던 그에게 아버지는 "음악으로 조국에 봉사하라"라는 편지를 보냈고, 쇼팽은 그 절망감을 피아노에 쏟아냅니다. 그 결과물이 바로 〈에튀드 Op. 10-12 '혁명'〉입니다.

이 곡은 단순한 기교 연습곡을 넘어, 고국을 잃은 청년의 심장이 담긴 예술적 고백이었습니다. 격렬하게 몰아치는 왼손의 음형은 마치 들끓는 민족의 분노와 절망처럼 휘몰아쳤죠. 그러나 러시아에 의해 봉기가 진압되면서 쇼팽의 귀향은 영영 불가능해졌고, 그는 폴란드의 흙 한 줌을 주머니에 넣은 채 파리로 향하는 망명자의 길을 걷게 됩니다.

파리에서의 시작은 고단했습니다. 무명 이민자였던 쇼팽은 큰 연주 홀보다 귀족들의 사교 모임이 이루어졌던 '살롱'에서 먼저 입지를 다졌죠. 섬세하고 세련된 그의 연주는 인간 내면의 감정을 파고드는 힘이 있었고, 이는 곧 파리 상류 사회를 사로잡았습니다.

안토니 라지비우 공의 저택에서 연주하는 쇼팽

　이곳에서 쇼팽은 당대 최고의 스타였던 프란츠 리스트를 만납니다. 불꽃놀이 같은 화려한 연주의 리스트와 절제된 시적 선율의 쇼팽은 정반대의 기질을 가졌지만, 서로의 재능을 깊이 존중했죠. 리스트는 쇼팽의 연주를 '가장 아름다운 노래를 부르는 피아노'라고 극찬했습니다.

　하지만 두 거장의 우정 위로 이내 차가운 그림자가 드리워집니다. 자유분방한 리스트는 쇼팽이 잠시 집을 비운 사이 그의 집에서 밀회를 즐겼고, 자신의 공간을 성스럽게 여겼던 쇼팽은 이 사건으로 리스트에게 깊은 모멸감을 느꼈기 때문이죠.

　이처럼 우정에 균열이 생기기 시작할 무렵인 1836년, 리스트

쇼팽의 연인이었던 조르주 상드

는 쇼팽에게 한 여인을 소개합니다. 바로 당대 파리의 문제적 소설가 조르주 상드였습니다. 남장을 하고 시가를 피우며 관습에 저항하던 상드는 처음에는 쇼팽에게 거부감의 대상이었으나, 리스트와의 불화와 병마로 지쳐가던 그에게 그녀의 강인한 헌신은 역설적으로 거부할 수 없는 안식처가 되었습니다.

아이러니하게도 리스트와 멀어진 거리만큼 상드와 가까워졌고, 쇼팽은 이 복잡한 감정의 소용돌이 속에서 인간적 배신감과 예술적 열망을 한데 녹여내며 〈녹턴〉과 〈폴로네즈〉 같은 불멸의 걸작들을 쏟아냅니다.

복잡한 감정이 동시에 오가던 이 시기는 쇼팽의 창작력에 불이 붙던 시기이기도 했습니다. 마주르카, 발라드, 폴로네즈 장르의 그의 대표작들이 이 시기 파리에서 탄생하기도 했으니까요.

인생의 모든 감정을 기록한 일기 같은 곡들

겨울이 시작되자, 쇼팽의 만성적인 기침은 더욱 심해졌고 몸무게도 눈에 띄게 줄었습니다. 1838년, 상드와 쇼팽은 함께 파리를 떠나 따뜻한 마요르카섬으로 요양을 떠납니다. 하지만 이는 곧 재앙이 됐죠.

처음 마요르카에 도착했을 때만 해도 모든 것이 평화로워 보였습니다. 아름다운 바닷가, 따뜻한 햇살 그리고 파리의 복잡함에서 벗어난 조용한 생활. 하지만 습한 날씨는 쇼팽의 폐결핵을 악화시켰고, 현지에 폐결핵 환자라는 소문이 돌면서 현지인들은 그들이 사용한 가구와 마차까지 불태웠습니다. 결국 묵고 있던 숙소에서도 쫓겨나 수도원으로 거처를 옮겨야 했고, 마요르카는 점차 그의 삶을 조여오는 감옥처럼 변했죠.

이 고통스러운 고립 속에서 완성한 걸작이 바로 〈프렐류드 Op.28〉입니다. 24개의 짧은 소품들은 마치 인생의 모든 감정을 압축한 일기처럼 각기 다른 색채와 분위기를 담고 있죠. 특히

〈프렐류드 Op.28-4 E단조〉, 일명 '무덤가'로 불리는 작품은 쇼팽이 훗날 자신의 장례식에서 연주되길 바랐을 정도로 당시에 느낀 죽음의 공포와 고독을 정직하게 담아내고 있습니다.

1839년 이른 봄, 쇼팽과 상드는 수도원을 나와 상드의 고향인 프랑스 노앙으로 향했습니다. 노앙에서 보낸 초기 몇 해는 오히려 쇼팽의 창작력이 중요한 결실을 맺는 시기였죠. 이 시기 그는 〈바르카롤 Op.60〉, 〈환상 폴로네즈 Op.61〉, 〈발라드 4번 Op.52〉 등 후기 대표작들을 완성합니다.

특히 가장 정교하고도 서정적인 발라드로 꼽히는 〈발라드 4번 Op.52〉는 짧은 구조 안에 숨 막히는 긴장감과 자유로운 변주, 시적인 아름다움이 완벽하게 조화를 이루고 있죠.

그러나 이곳에서의 평화는 상드의 딸, 솔랑주에 의해 깨지게 됩니다. 쇼팽은 솔랑주의 결혼 문제에 관해 상드와 대립하며 솔랑주의 편을 들었습니다. 상드의 입장에서는 지극정성으로 간호해온 연인이 자신의 딸과 손을 잡고 맞서는 모습이 커다란 배신처럼 느껴졌을 것입니다.

이후 상드가 소설을 통해 쇼팽을 편협한 인물로 묘사한 것을 보면, 이들의 갈등은 단순한 의견 차이 그 이상이었음을 짐작하게 합니다.

가장 인간적인 목소리를 들려준 예술가

상드와의 이별 후, 파리로 돌아온 쇼팽의 삶은 점차 끝을 향해 조용히 흘러가고 있었습니다. 사랑하는 여인과의 이별, 점점 악화하는 건강, 끊임없이 쌓여가는 경제적 불안…. 하지만 아이러니하게도 이 시기는 음악적으로 가장 농익은 깊이를 보여주었던 시기이기도 했습니다.

쇼팽은 외부 세계와 거리를 두고, 조용히 자신만의 음악 속으로 침잠해 들어갔습니다. 그의 마지막 네 개의 〈마주르카 Op.68〉은 쇼팽 음악의 가장 내밀한 세계를 표현했다고 할 수 있죠. 한 음 한 음이 마치 말을 아끼는 듯 조심스럽고, 어쩌면 자신이 곧 떠날 세상과 마지막 대화를 나누는 듯 들리기도 합니다.

1849년 가을, 어린 시절부터 쇼팽을 아꼈던 누이 루드비카가 곁에 머물며 간병을 도왔고, 충직한 제자들은 마지막까지 스승을 지켰습니다. 이제 그의 곁에 상드는 없었지만, 마음 한편에는 여전히 그리움이 아물지 않은 채 남아 있었을 것입니다. 그리고 1849년 10월 17일 새벽, 쇼팽은 39세의 짧은 생을 마감합니다.

그의 장례식은 파리 마들렌 성당에서 엄숙하게 치러졌습니다. 그의 유언에 따라 장례식에서는 모차르트의 〈레퀴엠〉이 연주됐고, 〈프렐류드 Op.28-4 E단조〉 또한 장송곡처럼 조용히 울려 퍼졌습니다.

죽음을 앞둔 쇼팽

그러고는 쇼팽의 유해는 파리 페르 라셰즈 묘지에, 그의 심장
은 고국 폴란드로 돌아가 바르샤바 성십자가 교회에 봉안됐습니
다. 조국을 떠나 비록 파리에서 생이 끝났지만, 그의 가슴은 늘
폴란드를 향해 있었습니다.

'피아노의 시인' 쇼팽은 평생 피아노라는 악기 하나에만 집중
했습니다. 그리고 피아노가 사람의 숨결과 감정을 가장 섬세하
게 담아낼 수 있는 존재라 여겼죠.

하지만 그의 음악이 단순히 감상적 서정에만 머문 것은 아니
었습니다. 오히려 기교적인 완성도가 뒷받침되지 않으면 연주할
수 없었죠. 바로 이런 점이 쇼팽이 위대한 이유입니다.

그는 기계적이고 단조롭던 연습곡인 에튀드를 예술의 경지로 끌어올렸습니다. 그의 에튀드는 훈련이자, 빠르고 복잡한 음형들 속에서도 감미로운 선율과 내면의 서정이 숨 쉬는 하나의 작품이었습니다.

〈에튀드 Op.10-5 '흑건'〉에서는 오른손이 검은 건반 위를 경쾌하게 뛰놀며 전례 없는 기교를 요구하지만, 그 음표 속에는 다채로운 빛깔의 웃음과 장난기가 담겨 있습니다. 반면 〈에튀드 Op.10-3 '이별의 곡'〉에서는 느린 선율이 고요히 울리며, 인간의 그리움과 아련한 정서를 아름답게 노래합니다.

그의 음악에서 빼놓을 수 없는 기법을 꼽자면, 박자를 고정하지 않고 순간순간 속도를 늦추거나 당겨서 연주하는 방식인 '루바토'입니다. 쇼팽 이전에도 루바토는 존재했지만, 쇼팽의 루바토는 달랐습니다.

"그는 왼손은 시계처럼 정확히 박자를 지키고, 오른손만 살며시 숨결을 얹듯 흔든다"라는 제자들의 증언처럼, 쇼팽의 루바토는 규격화된 박자 안에서 인간적인 감정의 숨통을 틔워주는 예술적 장치였죠.

쇼팽은 건반을 통해 가장 인간적인 목소리를 들려주는 예술가였습니다. 그 목소리 안에는 폴란드의 애수와 정서, 고독한 병자의 섬세한 감정, 살롱 문화의 우아함 그리고 불완전한 사랑의 아련한 상처까지 고스란히 녹아 있죠. 그래서인지 그의 음악을 듣다 보면 우리 안의 가장 부드럽고도 아픈 곳을 슬며시 건드리는 느낌이 듭니다.

추천 플레이리스트 ────────●───────────────

- 조국을 향한 뜨거운 절규 〈**에튀드 Op.10-12 '혁명'**〉
- 파리의 살롱을 매료시킨 시적 선율의 정수 〈**녹턴 Op.9-2**〉
- 침묵보다 깊은 고독의 일기 〈**프렐류드 Op.28-4 E단조 '무덤가'**〉
- 완숙한 깊이로 빚어낸 쇼팽 예술의 정점이자 결말 〈**발라드 4번**〉

삶의 순간을 노래로 설명한 최초의 드라마

오페라

19세기 유럽인들이 밤마다 극장 앞에 줄을 선 이유는?

사람들은 저를 '오페라의 아버지'라 부르죠.

〈오르페오〉를 만든 클라우디오 몬테베르디 라고 합니다.

낭만 시대의 '드라마' 오페라. 삶의 모든 감정을 담고 있는 음악, 극적인 스토리와 현실의 어려움을 잊게 하는 등장인물의 연기까지! 마치 영화를 보듯 작품에 몰입하다 보면, 삶과 예술이 만나는 특별한 경험을 할 수 있어요. 그런데 '총체 예술'이라 불리는 오페라는 어떻게 탄생한 걸까요?

지금 우리가 영화나 드라마를 감상하듯, 19세기 유럽에서는 매일 저녁이면 오페라 극장 앞에 줄이 끊이지 않았습니다. 유명 가수들이 출연하는 오페라 작품을 보기 위해 극장 앞은 인산인해를 이루었죠. 극장 안에 들어가면 화려한 상들리에 아래 극적인 이야기와 아름다운 음악이 펼쳐졌고, 관객들은 한순간도 눈을 뗄 수 없었습니다.

　이 시대의 오페라는 극장 안팎에서 벌어지는 사회 이슈와 인간 내면, 사랑과 웃음, 슬픔과 희망까지 담아내는 거울이었습니다. 관객들은 무대 위의 인물과 이야기에 깊이 공감하며 울고 웃었고, 오페라는 점점 더 많은 사람이 즐기는 예술로 자리 잡았습니다.

프랑스 가르니에 오페라 극장 전경

삶의 드라마를 노래하라

낭만 시대 오페라의 가장 큰 특징은 바로 '감정의 극대화'였습니다. 단순히 아름다운 음악과 멋진 노래가 아니라 사랑과 이별, 희생과 용서, 인간 내면 깊은 곳까지 파고드는 이야기가 오페라의 중심이었죠. 이 시대를 대표하는 오페라 작곡가들은 각자 독특한 방식으로 세상을 이야기했습니다.

프랑스의 쥘 마스네, 자크 오펜바흐, 샤를 구노부터 이탈리아의 로시니, 베르디, 푸치니, 독일의 바그너까지 각 나라의 작곡가들은 자신만의 색깔로 삶의 드라마를 노래했습니다. 특히 로시니의 오페라 〈세비야의 이발사〉는 유쾌한 이야기와 빠른 템포, 기발한 멜로디로 관객들의 마음을 사로잡았고, 바그너는 신화와 철학, 인간의 숭고한 정신을 담아낸 독창적인 장르인 '음악극'을 탄생시키며 낭만 시대의 깊이를 더했습니다.

이탈리아를 대표하는 작곡가 베르디는 〈나부코〉, 〈리골레토〉, 〈일 트로바토레〉 등 수많은 대표작을 남겼는데, 그중 〈라 트라비아타〉는 사랑과 희생, 사회적 편견을 가장 솔직하게 드러낸 작품으로 오늘날까지도 전 세계 오페라 극장에서 많이 공연되는 명작 중 하나입니다.

인간과 사랑의 본질을 묻다

〈라 트라비아타〉는 실제 파리의 한 유명한 코르티잔(고급 기생)이었던 '마리 뒤플레시'의 삶을 소설로 각색한 《춘희》에서 영감을 받았습니다. 《춘희》는 작가 알렉상드르 뒤마가 자신의 연인을 모델로 쓴 작품으로, 파리 사교계에서 큰 반향을 일으켰죠.

〈라 트라비아타〉의 주인공 비올레타는 파리 사교계에서 인기 있는 인물로, 젊은 청년 알프레도와 사랑에 빠지지만, 사회적 편견과 가족의 반대로 인해 결국 비극적인 결말을 맞이합니다.

베르디는 이 작품에서 인간의 감정과 사회적 현실, 희생의 의

베르디의 오페라 〈라 트라비아타〉 중 비올레타의 집에서 열린 파티

미를 깊이 있게 그려내는데, 특히 섬세한 감정의 흐름을 음악으로 담아냈습니다. 비올레타의 아리아인 '언제까지나 자유롭게'는 자유와 사랑 사이에서 갈등하는 그녀의 내면을 묘사했고, 1막의 가장 유명한 아리아인 '축배의 노래'는 사랑과 기쁨의 순간을 화려하게 표현했습니다. 또 두 주인공이 함께 노래를 부르다 비올레타가 숨을 거두는 장면은 오페라의 명장면으로 꼽힙니다.

〈라 트라비아타〉는 초연 당시 사회적 논란이 컸던 작품입니다. 코르티잔을 주인공으로 내세운다는 이유로, 베네치아의 검열관은 작품의 배경을 바꾸도록 요구하기도 했죠. 하지만 베르디는 사회적 편견을 비판하며 현실적인 이야기를 고집했고, 결국 오늘날까지도 시대를 초월한 이야기로 사랑받고 있습니다.

베르디의 〈라 트라비아타〉는 인간과 사랑의 본질을 깊이 있게 묻는 철학적 작품입니다. 그렇기에 작품을 감상하다 보면 누구나 한 번쯤 겪어봤을 법한 사랑과 고통, 용서와 희망의 감정을 느낄 수 있답니다.

웃음과 유머로 일상을 그리다

오페라는 크게 두 가지로 나뉩니다. 하나는 '오페라 세리아 Opera Seria', 즉 사랑과 비극, 희생과 고귀함을 다루는 진지한 이야기죠. 앞서 이야기한 베르디의 〈라 트라비아타〉가 낭만 시대의 오페라 세리아에 해당합니다. 다른 하나는 '오페라 부파 Opera Buffa', 즉 웃음과 유머, 일상의 소소한 사랑과 오해를 그린 가벼운 오페라입니다. 오페라 부파의 대표작으로는 도니체티의 〈사랑의 묘약〉을 꼽습니다.

이 작품은 웃음과 진심 어린 사랑 이야기가 어우러진 '로맨틱 코미디' 장르와 비슷합니다. 주인공 네모리노는 마을의 아름다운 여인 아디나를 사랑하지만, 아디나는 그의 마음을 받아주지 않고 무시합니다. 마침 마을을 방문한 떠돌이 약장수 둘카마라는 "이 약은 마시기만 하면 사랑이 이루어지는 명약이오!"라며,

152

도니체티의 오페라 〈사랑의 묘약〉 악보 표지

사랑이 이루어지는 약을 판매합니다.

　네모리노는 이 약이 언젠가 아디나에게 들었던 '트리스탄과 이졸데' 이야기에 등장한 사랑의 묘약이라고 생각해, 가진 돈을 탈탈 털어 그 약을 구입합니다. 그런데 알고 보니 그 약은 그저 값싼 와인이었습니다.

　이후 오페라는 네모리노의 순수한 사랑과 오해 그리고 아디나의 마음 변화를 유쾌하게 펼쳐내며 관객들에게 웃음을 선사합니다. 단순하면서도 매력적인 줄거리에 도니체티 특유의 밝고 경쾌한 멜로디가 더해지면서 〈사랑의 묘약〉은 대중들에게 큰 인기를 얻었답니다.

특히 네모리노의 아리아 '남몰래 흘리는 눈물'은 사랑에 빠진 남자의 진심이 깊이 담긴 명곡으로, 사랑의 아픔과 순수한 감정을 한껏 표현하며 관객들의 마음을 사로잡았습니다.

오페라 〈사랑의 묘약〉은 단순히 웃음만 전달하는 작품이 아니었습니다. 인간의 진실한 감정과 사랑의 본질을 따뜻하게 그려냈죠. 도니체티는 이 작품을 통해 오페라 부파의 가능성을 한층 더 넓혔고, 오늘날까지도 자주 공연되는 작품입니다.

현실을 잊고 행복이 가득한 환상의 세계로

오페라와 비슷하지만, 또 다른 재미를 선사하는 장르가 바로 '오페레타'입니다. 오페라가 모든 대사를 노래로 전달한다면, 오페레타는 대사를 하면서 중요한 순간에만 노래와 춤이 삽입되는 장르로 오페라와 뮤지컬의 중간쯤 되는 가볍고 유쾌한 음악극입니다. 오페레타의 음악은 오페라처럼 화려하고 아름답지만, 훨씬 가볍고 경쾌해 누구나 따라 부를 수 있답니다.

오페레타는 사회적 풍자와 유머, 해피엔드로 끝나는 내용으로 이루어졌는데, 관객들은 복잡한 줄거리나 깊은 감정에 몰입하기보다 무대 위에서 벌어지는 소동과 장난, 화려한 무도회와 파티 분위기를 마음껏 즐겼습니다.

오페레타는 19세기 중반 프랑스에서 시작해 유럽 전역으로 빠르게 퍼졌는데, 프랑스의 오펜바흐와 오스트리아의 요한 슈트라우스 2세가 오페레타의 대표 작곡가입니다.

특히 요한 슈트라우스 2세의 오페레타 〈박쥐〉는 1874년 빈에서 초연된 작품으로, 화려한 가면무도회와 유쾌한 소동, 19세기 빈 상류 사회의 가식과 허영을 유머러스하게 풍자한 작품입니다.

주인공인 아이젠슈타인 남작의 친구 팔케 박사는 한때 가면무도회에서 박쥐로 분장했다가, 아이젠슈타인 때문에 곤욕을 치른 일이 있습니다. 이때의 복수를 위해 팔케는 아이젠슈타인을 비롯한 주변 인물들이 모두 가면무도회에 모이도록 상황을 꾸밉니다. 남작은 아내 몰래 파티에 참석하고, 아내 로잘린데는 옛 애인 알프레드와 마주치며, 하녀 아델레는 연예계 진출을 꿈꾸면서 각자 변장한 채로 무도회장을 누비죠. 이 과정에서 벌어지는 오해와 소동, 유쾌한 대사와 화려한 춤 그리고 슈트라우스 특유의 왈츠와 폴카 선율이 관객들을 웃음과 환희의 도가니로 빠뜨립니다.

〈박쥐〉는 줄거리가 가볍고 희극적이어서 누구나 쉽게 즐길 수 있는 작품입니다. 그래서 현실의 어려움을 잠시 잊고, 웃음과 환상의 세계로 빠져들도록 하는 매력이 있죠. 모든 오해와 갈등

이 해소되고, 행복하게 이야기가 끝나는 결말로 관객들은 기분
좋은 여운을 안고 집으로 돌아갈 수 있었답니다.

삶과 예술이 만나는 특별한 경험

오페라는 노래로 전하는 대사(레치타티보), 감정 표현(아리아),
인물 간의 이야기(앙상블) 그리고 합창과 오케스트라 연주로 이
루어져 있습니다.

레치타티보란 이야기를 진행하는 대화체 노래로, 드라마의
대사와 비슷합니다. 아리아는 주인공이 자신의 감정을 깊이 있
게 표현하는 극적인 독창곡으로, 오페라의 하이라이트이자 관객
들의 기억에 가장 오래 남는 부분이죠. 앙상블은 여러 인물이 함
께 부르는 노래로, 인물 간의 갈등이나 감정이 극적으로 드러나
는 순간에 등장합니다. 합창은 그 규모와 울림으로 작품에 감동
을 더하죠. 막이 오를 때 작품 전체의 분위기를 전달하기 위해
연주하는 서곡 또한 오페라 작품에 대한 기대감을 한껏 끌어 올
리는 중요한 요소랍니다.

대부분 오페라는 이탈리아어나 독일어, 프랑스어 등으로 공
연되기 때문에 감상하기 전에 미리 줄거리를 알아두면 이해하기
훨씬 쉽습니다. 또 종합예술이니만큼, 오페라의 음악뿐 아니라

의상, 조명, 무대까지 전체를 감상하는 편이 좋습니다. 화려한 무대와 세련된 의상, 극적인 조명은 작품을 더욱 생생하게 만들어 줄 테니까요.

오페라를 감상하며, 자신의 감정에 귀 기울여 보세요. 사랑, 슬픔, 기쁨, 분노, 희망 등 인간의 모든 감정을 담고 있는 것이 아리아이기에 음악을 들을 때 마음이 어떻게 움직이는지 느끼는 것도 좋은 경험이랍니다. 줄거리와 인물, 음악을 모두 즐기며 마치 영화를 보듯이 작품에 몰입하다 보면, 삶과 예술이 만나는 특별한 경험을 할 수 있을 거예요.

추천 플레이리스트

- 자유와 사랑 사이에서 갈등하는 비올레타의 내면을 효과적으로 묘사한 베르디의 오페라 〈라 트라비아타〉 중 아리아 '**언제나 자유롭게**'
- 비올레타와 알프레도의 이중창으로 사랑과 기쁨의 순간을 화려하게 표현한 베르디의 오페라 〈라 트라비아타〉 중 1막 '**축배의 노래**'
- 네모리노의 아리아로 사랑에 빠진 남자의 아픔과 순수한 감정을 표현한 도니체티의 오페라 〈사랑의 묘약〉 중 '**남몰래 흘리는 눈물**'
- 19세기 빈 상류 사회의 가식과 허영을 유머러스하게 풍자한 요한 슈트라우스 2세의 오페레타 〈박쥐〉 '**서곡**'

클래식 역사상 최초의 '아이돌'은 누구일까?

피아노로 표현할 수 없는 소리는 없지.

무대 위에서는 기교의 폭풍, 삶 속에서는 신비주의적 순례자였던 프란츠 리스트.
그는 서양 음악사에서 가장 화려하게 타올랐으면서 동시에 가장 경건하게
마침표를 찍은 위대한 거장이었습니다.
전 유럽을 누비며 명성을 얻은 그의 음악은 어떻게 발전해왔을까요?

프란츠 리스트는 피아노 앞에 앉아 있는 것만으로도 화제였습니다. 누군가는 그를 가리켜 '모차르트 이후 최초의 음악 스타'라고 했을 정도죠. 19세기 중반 유럽은 리스트라는 이름에 열광했고, 그가 무대에 서는 날이면 공연장은 비명을 지르는 팬들로 가득 찼습니다.

키가 크고 잘생긴데다가, 파격적인 장발을 휘날리며 무대에 등장한 그는 피아노의 건반 위를 누비는 손동작 하나만으로도 관객의 시선을 사로잡았습니다. 연주 중에 끊어진 피아노 줄을 손으로 뜯어 관객에게 던지거나, 손수건을 던지듯 넘긴 악보 한 장에도 박수가 터졌습니다. 팬들은 그가 버린 장갑과 머리카락을 유품처럼 간직하려 했고, 연주회장 앞에는 사인을 받기 위해 길게 줄을 선 사람들로 북적였죠.

흥미로운 것은 리스트가 무대에서는 그토록 화려했지만, 개인적인 삶은 비교적 검소하고 철학적이었다는 점입니다. 그는

1842년에 열린 리스트 연주회 모습을 풍자한 그림

연주 수익 대부분을 자선 단체나 교회, 음악 교육에 기부했으며, 젊은 음악가들을 물심양면으로 돕는 데에 주저함이 없었습니다. 특히 슈만과 브람스와 같은 후배들에게 곡을 연주해주거나 소개하며, 음악계 전반의 생태를 풍요롭게 만들려 노력했죠.

이국의 생활이 가져다준 예술적 정체성

리스트는 1811년, 헝가리 서부의 작은 도시 도보르얀(현 오스트리아 라이딩)에서 태어났습니다. 아버지는 어린 아들의 재능이 보통이 아님을 직감했고, 모차르트처럼 키워보자는 마음으로 피아노 교육에 전념합니다.

리스트는 여섯 살이 되던 해, 지역 귀족과 손님들을 초청해 작은 연주회를 엽니다. 손은 작아도 실력은 놀라웠고, 사람들은 어린 리스트가 연주하는 곡에 숨을 죽이며 귀를 기울였습니다. 곧이어 지방 신문에 '작은 기적'이라는 기사가 실릴 정도로, 리스트는 지역의 작은 전설이 돼가고 있었죠.

아홉 살이 된 리스트는 빈으로 향합니다. 그곳에서 만난 인물이 바로 베토벤의 제자이자 당대 최고의 피아노 교사였던 체르니였습니다. 체르니는 곧 리스트를 '가장 기이한 천재'라 평하며 정성을 쏟아 가르쳤습니다. 화성법과 작곡은 모차르트와도 인연이 있던 살리에리에게 배우며 음악을 익혀 나갔죠.

열두 살이 되던 해, 리스트는 빈에서 연주회로 주목받게 됩니다. 이때 여러 전기를 통해, 베토벤이 무대 뒤로 와서 리스트의 머리를 쓰다듬으며 이마에 입을 맞췄다는 이야기도 전해지는데요. 역사적 근거가 명확하지는 않지만, 그럼에도 이 일화는 리스트라는 인물을 낭만적 영웅으로 만들어준 중요한 서사로 남아 있습니다.

리스트의 여정은 파리로 이어집니다. 그는 외국인이란 이유로 파리 음악원의 입학을 거절당했지만, 포기하지 않았습니다. 사교육과 독학, 귀족의 후원으로 음악 활동을 이어갔고, 파리 살롱에서 연주를 통해 이름을 널리 알립니다.

　이 시기의 리스트는 파가니니의 바이올린 독주를 듣고, 그 악마적 기교에 충격을 받습니다. 그러고는 그 감동을 피아노로 옮기기 위해 〈파가니니에 의한 대연습곡〉을 작곡하게 되죠. 리스트 자신도 '이 곡은 연습곡이라기보다 하나의 괴물'이라 평했을 정도입니다.

　파리에서의 삶은 리스트에게 '국적 없는 예술가'라는 정체성을 심어줍니다. 헝가리 태생, 오스트리아에서의 교육, 프랑스에서의 활동…. 그는 자신을 특정 민족이나 전통에 가두지 않았고, 피아노라는 악기를 통해 국경과 언어를 넘나들었습니다.

　리스트는 곧 유럽 무대를 누비며 '초절적 피아니스트'라는 명성을 얻게 됩니다. 그리고 그의 음악은 점점 단순한 기교를 넘어, 철학적이고 서사적인 깊이를 표현하기 시작했죠.

　19세기 중반, 유럽은 거대한 변화의 물결 가운데 있었습니다. 1848년 혁명으로 인해 헝가리를 비롯한 여러 국가에서 자유와 민족 자결권에 대한 외침이 넘쳐났고, 리스트는 이 흐름에 깊이 공감했습니다. 직접 무기를 들고 싸우지는 않았지만, 그는 음악을 통해 헝가리의 정체성과 저항의 정신을 노래했습니다. 그 대표적인 음악이 바로 〈헝가리 광시곡〉입니다.

　그는 이 곡에 헝가리 집시 음악의 선율과 리듬, 민속적 요소를 적극적으로 도입하면서도, 예술적인 구성력과 피아노 기교를

앙리 레만이 그린 젊은 리스트의 초상화

극대화했습니다. 사실 리스트가 접했던 집시 음악은 오늘날 말하는 '헝가리 전통 민속음악'과 다소 거리가 있었습니다. 그러나 그가 민족의 자긍심과 민중의 감정을 음악으로 승화시킨 최초의 인물 중 하나라는 데 의의가 있습니다. 이는 훗날 드보르자크, 시벨리우스 등의 작곡가들이 민족주의 음악을 발전시키는 데 결정적인 토대를 마련해주기도 했죠.

〈헝가리 광시곡〉은 그저 열광적인 피아노곡이 아닌, 고향을

향한 사랑, 조국을 향한 그리움, 민중을 향한 연민이 깃든 영혼의
외침이었습니다.

낭만적 사랑이 남긴 흔적들

리스트는 수많은 여성에게 찬탄의 대상이었고, 그 자신도 쉽
게 사랑에 빠지는 사람이었습니다. 그러나 그에게 사랑은 단순
한 낭만이 아닌, 예술과 삶, 신념과 감정이 교차하는 격정의 드라
마에 가까웠습니다.

그와 깊은 관계를 맺었던 첫 번째 인연은 마리 다구 백작 부
인이었습니다. 그녀는 남편과 자녀가 있었음에도, 리스트의 뜨거
운 사랑을 받아들였습니다. 둘은 세상과 단절한 채 몇 년간 함께
유럽을 여행했고, 이 시기에 리스트는 수많은 작품을 탄생시킵
니다. 그중 대표적인 곡이 바로 〈순례의 해〉입니다.

그는 마리와의 삶의 여정을 악보에 녹여냈습니다. 스위스의 호
수, 이탈리아의 언덕, 알프스의 눈 덮인 절경을 배경으로 펼쳐지는
이 음악에는 그들의 사랑과 불안이 함께 녹여져 있었습니다.

그러나 격정은 오래가지 못합니다. 마리는 점차 리스트의 천
재성에 압도됐고, 리스트는 자신을 가두려는 마리에게서 멀어집
니다. 마리는 훗날 자신들의 사랑 이야기를 소설로 출간하기도

했는데, 이는 리스트에게 상처로 남습니다.

리스트의 사랑은 여기서 그치지 않았습니다. 그와 삶의 후반부를 함께한 인물은 카롤리네 추 자인비트겐슈타인으로, 러시아 공작 가문의 니콜라스 비트겐슈타인과 결혼해 비트겐슈타인 공작부인으로 불리는 여인이었습니다. 그녀는 독실한 가톨릭 신자였는데, 특히 리스트가 종교적 성찰과 교회음악에 집중하던 시기에 결정적인 영향을 끼쳤습니다.

카롤리네는 리스트에게 순회 연주자 생활을 청산하고 정착해서 살기를 제안했고, 리스트는 이를 받아들였습니다. 이후 카롤리네는 로마 교황청에 수차례 편지를 보내며 리스트와 결혼하려

리스트의 연인이었던 마리 다구(좌)와 카롤리네(우)

했지만, 결국 교회의 반대로 무산되고 맙니다.

이 비극적인 상황 속에서 리스트는 세속을 떠나 종교적 고요 속에 자신을 내맡깁니다. 그녀와 함께 살던 로마의 한 수도원에서 그는 프란체스코 수도회에 입회하며, 외면적으로도 '세속의 스타'가 아닌 '내면의 순례자'로 탈바꿈하게 되죠.

리스트는 이 시기 이후 '성스러운 리스트'라고 불릴 만큼 음악의 방향을 달리합니다. 화려하고 기교적인 곡보다 종교적 사유와 명상 그리고 인간 존재에 대한 물음을 담은 작품들을 남기기 시작합니다. 대표적인 예가 〈고별〉, 〈슬픔의 곤돌라〉 같은 말기 피아노 소품들입니다.

리스트의 여성 편력은 종종 가볍게 다뤄지기도 하지만, 사실 그에게 사랑은 언제나 예술과 정신을 태우는 불씨였습니다. 그는 결코 가볍게 사랑하지 않았고, 사랑의 모든 국면을 예술로 승화했습니다.

사랑과 명성을 동시에 거머쥔 슈퍼스타의 마침표

노년의 리스트는 바이마르에 정착해 후배 음악가들의 멘토로 살았습니다. 바그너, 베를리오즈, 생상스 등 당대 거장들이 그의 지지와 조언 아래 성장했습니다. 그는 권위를 내세우기보다 후배들에게 새로운 음악적 시도를 응원하는 데 주저함이 없었죠.

이 시기 리스트의 피아노곡들은 하나같이 고요하고, 실험적이며, 선율보다 울림과 색채에 가까운 음악입니다. '도대체 이게 낭만주의 시대의 음악인가?' 싶을 정도로 모호하고, 감정보다 사색이 앞선 작품들이죠. 이는 훗날 드뷔시, 버르토크 같은 20세기 작곡가들에게 새로운 길을 제시했습니다.

1875년에는 헝가리 국립 음악원(현 리스트 음악원)을 설립하고, 초대 총장이 됩니다. 도흐나니, 버르토크, 코다이, 리게티 같은 헝가리 출신의 위대한 작곡가들이 이곳에 다니면서, 리스트는 후배 음악가들에게 직간접적으로 영향을 끼쳤습니다.

헝가리에 위치한 리스트 음악원

1886년 여름, 리스트는 바이로이트 축제에 방문했다가 갑작스러운 폐렴 증세로 쓰러집니다. 열이 오르고, 기침은 멎지 않았죠. 의사들은 공연 참석을 말렸지만, 리스트는 딸 코지마와 세상을 떠난 사위 바그너의 음악을 마지막으로 듣고 싶다며 공연장을 찾았습니다. 그리고 공연이 끝난 후, 그는 다시는 일어나지 못했습니다.

1886년 7월 31일 밤, 리스트는 74세의 나이로 조용히 생을 마감합니다. 그의 장례식은 바이로이트에서 소박하게 치러졌고, 묘비에는 화려한 수식어 하나 없이 그의 이름과 생몰 연도만이 새겨졌습니다. 자신을 과장하지 말고, 음악이 전부를 말하게 하라는 그의 뜻이었죠.

무대 위에서는 기교의 폭풍이었고, 삶 속에서는 신비주의적 순례자였던 프란츠 리스트. 그는 서양 음악사에서 가장 화려하게 타올랐으면서 동시에 가장 경건하게 마침표를 찍은 위대한 거장이었습니다.

추천 플레이리스트 ━━━━━━●━━━━━━━━━━

- 초인적인 기교로 피아노의 한계를 부순 선언 〈**라 캄파넬라**〉
- 집시의 야성적인 리듬 속에 담아낸 조국을 향한 그리움 〈**헝가리 광시곡 2번**〉
- 화려한 갈채 뒤에 숨겨진 인간적인 열망과 뮤즈를 향한 헌사 〈**사랑의 꿈**〉
- 사제가 된 거장이 마주한 구원의 빛 〈**순례의 해: 세 번째 해**〉 중 '**에스테 빌라의 분수**'

새로운 시대를 알아본 낭만주의의 심장

슈만

사랑을 위해
스승을 고소했다고?

> 나는 시처럼 아름다운
> 음악을 꿈꾼다네.

오늘날 슈만을 생각하면 주로 서정적인 피아노곡이나 부인 클라라와의
사랑 이야기를 떠올립니다. 하지만 그는 젊은 시절 '음악 비평가'로 먼저 이름을
알렸죠. 작곡가인 동시에 평론가, 연주자이자 저술가였던 그는 어떻게
'낭만주의의 예언가'라 불리게 됐을까요?

1840년대 독일의 한 서재. 흐트러진 악보가 쌓여 있는 피아노와, 논문 원고와 음악 평론이 가득 적힌 종이가 가득한 책상이 마주 본 상태로 놓여 있었습니다. 서재에는 마치 두 사람이 앉아 있는 듯했죠. 하지만 그곳에는 단 한 사람, 바로 로베르트 슈만만이 있었습니다.

슈만은 자기 안에 늘 두 사람이 살고 있다고 믿었습니다. 그는 두 자아에 각각의 이름까지 붙였죠. 격렬하고 충동적인 자아는 '플로레스탄Florestan', 사색적이고 감성적인 자아는 '오이제비우스Eusebius'였습니다.

슈만은 평생 이 두 사람 사이를 오가며 살았습니다. 플로레스탄이 돼 독일 음악계를 뒤흔드는 급진적 평론가가 되기도 했고, 오이제비우스가 돼 피아노 앞에서 소박하고 서정적인 소품을 조용히 써 내려가기도 했습니다.

그의 불안정한 내면은 때로는 무서운 파열음을 냈고, 때로는 숨 막히게 조용한 시를 썼습니다. 그 모순의 한복판에서 새로운 음악의 시대가 열리고 있었습니다.

'글 쓰는 슈만'과 '작곡하는 슈만'

오늘날 슈만을 생각하면 주로 서정적인 피아노곡이나 부인 클라라와의 사랑 이야기를 떠올릴지 모릅니다. 하지만 젊은 시절의 슈만은 조금 달랐습니다. 그는 '음악 비평가 슈만'으로 먼저 이름을 알렸죠.

슈만의 아버지는 그가 문학가가 되기를 바랐고, 어머니는 법학도가 되기를 바랐습니다. 그래서 슈만은 한때 법학을 공부하기도 했습니다. 그러나 청년 슈만의 꿈은 문학에도, 법학에도 있지 않았습니다. 그는 법률 교과서 대신 악보에 더 많은 시간을 할애했고, 곧 음악을 자신의 길로 선택합니다.

슈만이 본격적으로 음악의 길로 들어선 계기는 피아노였습니다. 당대 최고의 피아노 교사였던 프리드리히 비크의 문하생이 되어, 작곡과 연주를 동시에 공부하기 시작했습니다.

그 시절 슈만은 피아니스트로 성공하겠다는 열망에 불탔지만, 무리한 연습으로 오른손 약지가 굳는 부상을 입습니다. 연주자로서의 꿈을 일단 접어야 했죠.

슈만이 창간한 〈음악 신보〉

그러나 이 좌절은 오히려 그의 또 다른 재능을 깨웁니다. 바로 글쓰기와 비평이었죠. 슈만은 스스로 '펜을 든 음악가'가 되기로 결심합니다. 그렇게 1834년, 슈만은 〈음악 신보〉를 창간합니다.

이 잡지는 단순한 음악 잡지가 아니었습니다. 그것은 '새로운 음악'을 옹호하고, 낡은 음악계의 관습에 도전하는 청년들의 성명서이자, 낭만주의의 사상적 거점이었죠.

특히 그의 쇼팽에 관한 비평이 유명한데, 그는 쇼팽의 음악을 듣고선 다음과 같은 유명한 말을 남깁니다.

"모자를 벗어 천재의 등장을 경외하시오!"

이 한마디로 쇼팽이라는 이름은 독일 음악계에 빠르게 알려졌습니다.

이후에도 슈만은 숨어 있던 슈베르트의 교향곡을 발굴해 세상에 소개했고, 베를리오즈와 멘델스존의 음악을 지지했으며, 브람스라는 젊은 신인을 발굴하기까지 합니다. 그가 발견하고 소개한 이 이름들이 훗날 19세기 음악사의 주인공이 됐으니, 슈만을 단순한 평론가가 아닌 '낭만주의의 스카우터'라 불러도 손색이 없겠죠.

그러나 비평 활동이 그의 내면을 온전히 만족시키지는 못했습니다. 그의 머릿속에는 언제나 '글 쓰는 슈만'과 '작곡하는 슈만'이 공존했으니까요. 음악 평론가로서는 동시대인들의 음악을 평가했지만, 그 역시 누구보다 자기의 음악을 세상에 내놓고 싶었습니다.

그리하여 1830년대 후반, 슈만은 마침내 본격적인 작곡가의 길에 발을 내딛습니다. 이 시기 슈만이 발표한 피아노 작품은 그야말로 낭만주의의 결정체였는데 〈카니발〉, 〈어린이 정경〉, 〈다비드 동맹 무곡〉, 〈환상 소곡집〉 같은 작품들은 피아노라는 악기를 통해 시적 상상력과 내면의 이야기를 온전히 담아냈다고 평가받습니다.

삶과 예술을 완성한 인물의 등장

슈만의 인생은 결국 한 사람의 등장으로 완성됩니다. 그 사람의 이름은 바로 클라라 비크. 클라라는 슈만보다 아홉 살 어린 천재적인 피아니스트였습니다. 그녀의 아버지 프리드리히 비크는 유능한 피아노 교사이자 야심가였고, 딸을 세계적인 피아니스트로 키우기 위해 모든 것을 쏟아부었습니다. 그 덕분에 클라라는 어릴 적부터 음악 신동으로 이름을 날리며, 유럽 각지로 연주 여행을 다닐 수 있었죠.

그리고 슈만도 바로 이 프리드리히 비크 선생에게 피아노를 배우기 위해 찾아갔습니다. 클라라와 슈만의 인연은 스승의 딸과 제자 사이로 시작됐습니다. 클라라가 성장할수록, 슈만의 마음속에도 단순한 호감 이상의 감정이 자라났죠. 그러고는 서로의 음악을 가장 잘 이해해주는 예술적 동반자이자, 인생의 유일한 연인이 됐습니다.

하지만 이 사랑은 순탄하지 않았습니다. 클라라의 아버지이자 슈만의 스승이었던 비크 선생이 두 사람의 관계를 결사반대했거든요. 당시 슈만은 아직 가난한 음악 평론가에 불과했고, 안정적인 수입도, 유명세도 부족했습니다. 게다가 병약한 몸과 불안정한 성격까지 감안하면, 아버지 입장에서는 반대할 수밖에 없었을 겁니다.

피아니스트이자 슈만의 아내 클라라 비크

비크는 두 사람을 떼어놓기 위해 여러 수단을 동원합니다. 만남을 금지하고, 편지를 검열하며, 법적 소송까지 벌였죠. 결국 이사랑은 법정 싸움으로 번집니다. 슈만과 클라라는 결혼 허가를받기 위해 독일 법원에 소송을 제기했고, 마침내 1840년 긴 투쟁끝에 결혼 승소 판결을 받아냅니다. 그리고 그해 9월 12일, 두 사람은 정식으로 부부가 됩니다. 클라라는 21세, 슈만은 30세였습니다.

결혼은 슈만에게 폭발적인 창작의 도화선이 됐습니다. 1840년

한 해에만 무려 130곡이 넘는 가곡을 쏟아내며, 이른바 '노래의 해'라고 불리는 시기를 만들어냈죠. 〈헌정〉, 〈시인의 사랑〉, 〈여인의 사랑과 생애〉 같은 불멸의 가곡들이 이 시기에 탄생했고, 이 곡들에는 결혼의 기쁨, 사랑의 설렘 그리고 삶의 행복이 서정적으로 흐르고 있습니다.

가곡뿐 아니라 피아노 소품, 교향곡, 실내악 등 모든 분야에서 그의 창작력은 발휘됩니다. 사랑이 그에게 음악을, 음악이 그에게 삶을 다시 열어준 셈이었죠.

클라라 역시 아내를 넘어, 슈만의 가장 중요한 음악적 파트너였습니다. 서로의 작품을 함께 다듬고, 피아노곡을 연주하며, 때로는 가혹한 현실 가운데 생계를 책임지며 남편을 지지했습니다.

그러나 사랑의 절정은 길지 않았습니다. 결혼과 함께 솟아오른 창작력은 머지않아 내리막으로 향합니다. 이제 그의 내면에는 또 다른 그림자가 조금씩 피어나고 있었죠. 그것은 슈만 자신도 두려워하던 깊은 어둠, 그의 정신적 균열이었습니다.

광기와 사색을 오간 두 자아의 전쟁

결혼 이후 행복한 시기를 보내면서도, 슈만의 내면은 결코 잠잠하지 않았습니다. 그의 삶에는 늘 두 개의 목소리, 바로 플로레스탄과 오이제비우스가 자리하고 있었기 때문이죠.

플로레스탄은 격정적이고 충동적인 자아였습니다. 영감이 솟구칠 때면 그의 작품에는 기이한 화성, 급작스러운 감정의 도약, 대담한 리듬들이 쏟아져 나왔습니다. 반면 오이제비우스는 사색적이고 섬세한 자아였습니다. 서정적 선율과 조용한 몽상, 감미롭고 내밀한 감정이 그의 손끝에서 흘러나왔습니다.

이 두 성향은 슈만의 작품에도 녹아들어, 단순히 밝고 어두운 것을 넘어 감정의 온도가 급격히 변하거나 마치 두 사람이 대화를 주고받듯 전개되는 경우가 많았죠. 이런 긴장과 교차는 슈만 음악을 독특하게 만들었습니다.

〈카니발 Op.9〉가 그 대표적인 곡입니다. 이 작품에서는 실제 플로레스탄과 오이제비우스라는 이름을 붙인 소품들이 나란히 등장합니다. '플로레스탄' 악장에서는 격렬한 열정이 피아노 위를 내달리고, '오이제비우스' 악장에서는 마치 고요한 속삭임처럼 섬세한 선율이 펼쳐집니다. 두 자아의 대화이자 충돌이 고스란히 녹아 있는 작품이었죠.

하지만 이 두 자아는 점차 균형을 잃기 시작합니다. 특히 교향곡에 도전하면서부터 슈만의 심리적 압박은 커져 갔습니다. 1841년, 그는 첫 교향곡 〈교향곡 1번 '봄'〉을 발표했습니다. 새 출발의 희망처럼 밝고 활달한 이 교향곡은 많은 환호를 받았지만, 이후 그는 더 심한 기복과 불안을 겪게 됐습니다.

이 무렵부터 슈만은 본격적인 신경 쇠약의 초기 증세를 겪습니다. 조용한 날에는 오이제비우스가 피아노 앞에서 감미로운 소품을 속삭였지만, 우울감이 깊어지면 플로레스탄이 광기와 불안을 증폭시키며 슈만을 지배했습니다.

그는 자신의 일기장과 친구들에게 쓴 편지에서 "머릿속에서 천사들의 노래와 악마들의 속삭임이 함께 들린다"라고 고백하기도 했습니다. 신체 증상도 뒤따랐습니다. 손가락 경련, 신경통, 심한 두통과 불면증까지 그의 몸과 마음은 조금씩 한계에 다가가고 있었습니다.

하지만 슈만은 포기하지 않았습니다. 1830~1840년대에는 〈교향적 연습곡〉, 〈피아노 협주곡 A단조〉, 〈피아노 5중주〉 등 후기 명작들이 잇달아 탄생합니다. 특히 격정과 서정, 독창성과 형식미가 하나로 어우러진 〈피아노 협주곡 Op.54〉는 낭만주의 피아노 협주곡의 교과서가 됐죠.

그러나 두 자아의 전쟁은 결국 슈만을 광기와 쇠약으로 이끌고 갔습니다. 음악은 여전히 아름다웠지만, 정신세계의 균열은 갈수록 커가고 있었죠.

평생의 제자, 브람스를 만나다

1853년 가을, 슈만을 찾아온 젊은이가 있었습니다. 그의 이름은 요하네스 브람스. 갓 20세가 된 이 청년은 손에 자신의 악보를 들고, 어쩌면 그의 평생을 바꿀 방문을 감행하고 있었습니다.

피아노 앞에 앉은 브람스는 긴장된 손으로 자신의 작품을 연주하기 시작했고, 슈만과 클라라는 숨을 죽인 채 그의 연주를 지켜보았습니다. 그 짧은 시간 동안 슈만은 놀라움과 확신을 동시에 느꼈습니다. 젊은 피아니스트에게서 새로운 시대의 소리를 들은 것이었죠.

슈만은 그 감격을 숨기지 않았습니다. 그리고 그해 겨울, 〈새로운 길〉이라는 글을 기고하며 브람스를 음악계에 정식으로 소개합니다.

"그는 머지않아 누구보다도 높이 올라설 것이다."

슈만의 비평은 브람스를 단숨에 유럽 음악계의 중심으로 끌어올렸습니다.

브람스와의 만남은 단순한 스승과 제자의 인연 이상의 깊은 교감으로 발전했습니다. 무엇보다 브람스는 슈만 가족에게도 큰 위로와 의지가 돼주었죠. 슈만의 병세가 급격히 나빠지면서, 클라라는 어린아이들을 돌보며 남편을 간호했고, 공연 활동으로 생계까지 책임져야 했습니다. 이때 브람스가 슈만의 가정을 돕기 위해 자주 드나들며 정신적, 물질적 지지자가 돼주었습니다.

물론 훗날까지 회자되는 클라라와 브람스의 관계는 음악사에서 가장 복잡하고도 애틋한 이야기가 됐지만, 결코 브람스는 클라라와 슈만의 관계를 넘보지 않았고, 클라라 역시 남편을 향한 충정을 잃지 않았습니다. 그들은 끝까지 음악적 동반자이자 고통을 나눈 친구로 남았습니다.

그 무렵, 슈만의 병은 더 깊어졌습니다. 극심한 불면증과 환청, 편집증적 사고는 그를 더 피폐하게 만들었죠. 1854년, 아직 겨울의 추위가 가시지 않은 2월의 어느 날 슈만은 몽유병자처럼 라인강 변을 걷다가 강에 몸을 던지고 말았습니다.

다행히 지나가던 어부들에게 극적으로 구조됐지만, 사건 이후 슈만은 본 근처의 엔데니히 정신병원으로 들어가 요양 생활을 시작하게 됩니다. 그리고 2년이라는 긴 병상의 시간을 보내죠.

처음 병원에 들어섰을 때만 해도, 그는 클라라에게 자주 편지를 보내며 희망을 붙들려고 애썼습니다. 그러나 점차 글 쓰는 횟수가 줄어들었고, 침묵이 길어져 갔습니다. 브람스와 클라라는 거의 매주 병원을 찾아와 그를 위로했지만, 슈만은 점점 더 깊은 어둠 속으로 침잠했습니다.

이후 남은 1년은 슈만에게 사실상 침묵의 시간으로 기록됩니다. 음악도, 글도 남기지 못한 채, 그는 말없이 병원의 침대에 누워 있었습니다. 1856년 7월 29일, 슈만은 46세의 나이로 엔데니

슈만이 입원했던 엔데니히 병원

히 병원에서 눈을 감습니다. 마지막 순간까지 클라라는 그의 손
을 꼭 잡고 있었죠.

　뜨겁게 살았고, 치열하게 음악을 사랑했으나, 끝내 자기 내면
을 이겨내지 못했던 한 천재의 생은 이렇게 막을 내렸습니다.

음악으로 고백하듯 삶을 풀어내다

　슈만은 19세기 낭만주의 음악의 심장을 만들었습니다. 그는
작곡가인 동시에 평론가였고, 연주자이자 저술가였으며, 무엇보
다 새로운 시대의 음악을 가장 먼저 알아본 예언자였습니다. 오

늘날 우리가 '낭만주의 음악'이라고 부르는 수많은 음악적 특징은 그가 세상에 꺼내어 알린 것들이었죠.

그는 무엇보다 '문학적인 음악'을 꿈꿨습니다. 그에게 있어 음악은 단순한 소리의 배열이 아니라, 시처럼 상징과 은유로 가득한 내면의 이야기였죠. 특히 피아노곡과 가곡에서 그의 문학적 감수성은 가장 빛을 발했습니다. 〈시인의 사랑〉, 〈여인의 사랑과 생애〉 같은 연가곡집은 가사와 피아노의 숨결이 완벽하게 어우러져, 마치 한 편의 시가 소리로 태어난 듯한 느낌을 줍니다. 피아노 소품 〈어린이 정경〉, 〈사육제〉, 〈다비드 동맹 무곡〉 등에서도 우리는 시적 상상력과 내면의 독백을 들을 수 있죠.

더욱 흥미로운 점은 슈만이 낭만주의의 다른 별들을 발굴하는 데에도 누구보다 열정적이었다는 사실입니다. 앞서 언급한 슈베르트의 〈교향곡 9번 '그레이트'〉를 발굴한 것도, 젊은 쇼팽의 데뷔를 환영한 것도, 브람스를 세상에 처음 소개한 것도 슈만이었습니다.

그뿐 아니라 베를리오즈, 멘델스존, 리스트 등 동시대의 음악가들과도 활발히 교류하며 서로의 작품을 비평하고 응원하는 문화를 이끌어나가기도 했습니다. 한 사람의 작곡가를 뛰어넘어, 한 시대의 문화를 형성한 문화운동가였던 셈이죠.

그가 떠난 뒤에도 그의 음악은 사라지지 않았습니다. 브람스는 그의 음악적 유산을 이어받아 좀 더 절제된 형식미로 발전시켰고, 말러, 드뷔시, 라흐마니노프 등도 슈만의 시적 서정과 내면적 긴장을 각자의 방식으로 계승해 나갔습니다.

오늘날까지 슈만의 이름은 〈어린이 정경〉 중 '꿈(트로이메라이)'라는 단 하나의 곡만으로도 많은 이의 기억에 남아 있죠. 이 짧은 선율에 담긴 감정의 깊이는 앞으로도 여전히 우리와 함께 할 것입니다.

추천 플레이리스트 ─────────●

- 내면의 두 자아가 벌이는 가면무도회 〈**카니발 Op.9**〉
- 1840년 노래의 해에 클라라에게 바친 가장 뜨겁고 순수한 결혼 선물 〈**헌정**〉
- 플로레스탄의 열정과 오이제비우스의 서정이 하나로 어우러진 낭만주의의 교과서 〈**피아노 협주곡 Op.54**〉
- 광기의 끝에서 붙잡은 순수한 몽상 〈**어린이 정경**〉 중 '**꿈**'

브람스

스승의 아내를 40년간
짝사랑한 남자의 진심은?

고독과 절제는
평생의 친구였어.

브람스는 13살 무렵부터 가계를 돕기 위해 선술집에서
밤늦도록 피아노를 쳤습니다. 담배 연기와 술 냄새가 진동한 그곳에서 소년은
어른의 삶을 너무 일찍 알았고, 이 조숙함은 훗날 그의 음악의 뿌리가 됩니다.
고독과 절제로 점철된 그의 삶은 어떻게 음악으로 탄생하게 됐을까요?

1833년 5월 7일, 독일 북부의 항구도시 함부르크의 한 낡은 골목에서 요하네스 브람스가 태어났습니다. 그가 자란 도시는 늘 짙은 안개와 차가운 바닷바람이 감도는 회색빛 풍경을 품고 있었죠. 그의 아버지는 콘트라베이스 연주자였으나 생계는 늘 막막했습니다. 가족을 부양하기 위해 밤낮으로 선술집과 무도회장을 전전하며 악기를 켰고, 어린 브람스 역시 그 고단한 삶의 현장을 일찍부터 목격해야 했습니다.

브람스의 유년 시절은 낭만주의 음악가들의 화려한 시작과는 거리가 멀었습니다. 열세 살이 된 브람스는 가계를 돕기 위해 거친 선원들이 드나드는 선술집에서 밤늦도록 피아노를 쳤습니다. 담배 연기와 술 냄새가 진동하는 그곳에서 소년은 어른들의 비루한 현실을 너무 일찍 알아버렸고, 이 조숙함은 훗날 그의 고독과 절제의 뿌리가 됩니다.

하지만 이런 환경에서도 그는 음악이라는 유일한 안식처를 놓지 않았습니다. 그는 스승 마르크스젠으로부터 바흐와 베토벤의 엄격한 고전주의 음악을 전수받으며, 무질서한 현실을 버텨낼 구조의 힘을 몸에 익혔습니다. 거친 항구의 밤을 버티게 한 것은 결국 차갑도록 완벽한 악보 위의 논리였습니다.

운명적 만남이 열어준 새로운 길

브람스가 열일곱이 되던 1850년, 그에게 운명처럼 나타난 사람이 있었으니 바로 헝가리 바이올리니스트 에두아르트 레메니였습니다. 당시 유럽에서 헝가리 민속음악은 낭만주의 작곡가들에게 하나의 열풍처럼 다가왔고, 레메니는 이 열풍을 실어 나르는 연주자였습니다.

그는 브람스의 재능을 단숨에 알아봤고, 독일 여러 도시로 함께 순회공연을 하자고 제안했죠. 이때 브람스는 민속음악 특유의 생동감과 리듬, 감정의 자유로운 분출을 직접 경험했고, 그의 대표작들에 스민 집시풍의 정열은 바로 이 시기의 기억에서 비롯된 것이었습니다.

그리고 1853년에는 당대 음악계의 중심이었던 로베르트 슈만을 만나게 됩니다. 슈만은 스무 살의 청년 브람스의 연주를 듣자마자 큰 충격에 빠졌습니다. 그는 자신이 창간한 잡지에서 브

1852년 에두아르트 레메니(좌)와 브람스(우)

람스를 '미래의 거장'이라며 세상에 공표했습니다. 이 극적인 등
장은 무명의 청년에게 영광인 동시에 무거운 족쇄였습니다. 슈
만의 극찬은 브람스를 단숨에 주목받게 했지만, 동시에 '베토벤
의 계승자'라는 막중한 책임감을 부여했기 때문입니다.

그리고 이 시기, 그는 슈만의 아내이자 위대한 피아니스트 클
라라 슈만과 운명적으로 마주하게 됩니다. 브람스의 생애에서
클라라 슈만을 빼놓고는 그의 음악을 설명하기 어렵습니다. 그
녀는 브람스보다 열네 살 연상이었고 스승인 슈만의 아내였으
며, 당대 최고의 지성을 갖춘 예술가였습니다. 슈만이 정신 질환
으로 인해 병원에 입원했을 때, 브람스는 슈만의 집을 지키며 클

라라와 그녀의 아이들을 돌봤습니다. 브람스가 친구에게 보낸 편지에는 이렇게 쓰여 있었습니다.

"나는 이 집의 모든 것을 사랑하게 됐습니다. 아이들도, 그들의 어머니도요."

하지만 그는 결코 선을 넘지 않았습니다. 그는 클라라를 연모했지만, 사랑을 '소유'가 아닌 '헌신'으로 승화했죠. 슈만이 세상을 떠난 뒤에도, 그는 평생 독신으로 살며 클라라의 곁을 지켰습니다.

두 사람은 40년이 넘는 세월 동안 음악적 동지로 남았습니다. 브람스는 새로운 곡을 쓸 때마다 가장 먼저 클라라에게 악보를 보내 의견을 물었고, 클라라는 그의 음악 속에 담긴 말 없는 고백을 읽어주었습니다.

브람스의 〈피아노 소나타 3번〉 2악장에 적힌 "두 마음이 사랑으로 하나가 된다"라는 인커만의 시 구절이나, 말년에 쓴 〈3개의 간주곡 Op.117〉의 고요한 슬픔은 모두 클라라를 향한 혹은 그녀와 공유한 삶의 무게를 담고 있습니다. 브람스에게 사랑은 불타오르는 열정이 아닌 평생을 두고 고쳐 쓰는 정제된 편지와도 같았습니다.

절제된 형식 아래 흐르는 따뜻한 위로

브람스는 낭만주의의 절정기를 살면서도, 마음은 언제나 과거를 향해 있었습니다. 감정이 폭발하고 화려한 기교가 난무하던 시대에 그는 오히려 바흐의 엄격한 대위법과 베토벤의 견고한 형식미를 고집했습니다. 특히 그는 교향곡이라는 장르 앞에서 유독 작아졌고, 첫 교향곡을 완성하는 데 무려 21년이라는 시간을 쏟았습니다.

마흔세 살에야 발표된 〈교향곡 1번〉은 그 인고의 세월을 증명하듯 단단하고 숭고했습니다. 당대의 평론가들은 이를 '베토벤의 10번 교향곡'이라 부르며 찬사를 아끼지 않았죠. 이후 그는 목가적인 〈교향곡 2번〉, 자유로운 영혼을 노래한 〈교향곡 3번〉, 그리고 고전적 비극의 정점이라 불리는 〈교향곡 4번〉을 차례로 내놓으며, 낭만주의 시대 안에 고전주의의 거대한 요새를 구축했습니다.

그의 음악적 태도는 당시 진보적인 음악을 주장하던 바그너와의 갈등을 불러오기도 했습니다. 바그너파派는 미래의 음악을 주장하며 조성의 해체와 서사적인 악극 형식을 내세웠고, 브람스는 전통 속에서 혁신을 추구해야 한다고 믿었죠. 브람스는 논쟁에 가담하는 대신 악보로 대답했습니다. 화려한 수사나 자극적인 가십보다는, 음표 하나하나가 지닌 구조적 완벽성이 세상을 설득할 것이라 믿었기 때문입니다.

브람스의 음악이 단지 딱딱한 구조물에 그치지 않는 이유는 그 밑바닥에 흐르는 따뜻한 인류애 때문입니다. 그 정점에 있는 작품이 바로 〈독일 레퀴엠〉입니다. 어머니의 죽음과 스승 슈만의 상실을 겪으며 써 내려간 이 곡은, 죽은 자의 영혼을 달래는 기존의 진혼곡과는 궤를 달리합니다.

그는 라틴어 성경 대신 독일어 성경을 사용하여 "애통하는 자는 복이 있나니, 그들이 위로를 받을 것이요"라는 구절을 전면에 내세웠습니다. 즉, 죽은 자를 위한 심판의 노래가 아니라 홀로 남겨진 이들의 슬픔을 어루만지는 '산 자를 위한 자장가'를 만든 것입니다. 이 곡을 통해 브람스는 자신의 개인적인 상실을 인류 보편의 위로로 승화시켰습니다.

사랑보다 헌신을, 격정보다 품격을

말년의 브람스는 빈의 작고 소박한 자택에서 조용히 지냈습니다. 그는 수많은 악보를 스스로 불태울 만큼 자기 검열에 철저했죠. 오늘날 우리가 듣는 그의 음악은 그가 '남겨도 좋다'고 허락한 최후의 정수들뿐입니다.

그는 음악을 통해 자신을 드러내기보다 숨기를 원했습니다.

특히 〈네 개의 엄숙한 노래〉 같은 곡은 죽음을 앞둔 자의 고백처럼 들립니다. 이 노래에는 인생 전체의 숙고와 체념 그리고 한 줌의 빛이 담겨 있죠.

1896년, 클라라 슈만이 세상을 떠나자 브람스의 삶도 급격히 기울기 시작했습니다. 그녀의 장례식장에 가기 위해 기차를 잘못 타는 등 평소답지 않은 실수를 연발하던 그는 클라라가 떠난 지 불과 11개월 뒤인 1897년 4월 3일, 63세의 나이에 생을 마감했습니다. 그의 방에는 클라라의 흔적과 고독하게 써 내려간 악보들만이 고요히 자리를 지키고 있었습니다.

1894년, 말년의 브람스(우)와 요한 슈트라우스 2세(좌)

빈 중앙묘지에 자리한 브람스의 무덤

　장례식 날, 빈의 거리는 조용했고 그의 음악이 흐르는 가운데 많은 이가 브람스를 배웅했습니다. 그는 빈 중앙묘지에 안장됐고, 그 옆에는 베토벤과 슈베르트가 잠들어 있었습니다.

　브람스의 음악은 단순히 독일 음악의 전통을 계승한 것에 그치지 않습니다. 그는 낭만주의의 감성을 지녔으면서도, 고전주의의 형식을 지키려 애썼고, 감정의 시대 속에서도 균형을 잃지 않으려 했습니다. 쇼팽이나 리스트처럼 겉으로 드러나는 열정이 아닌 속으로 응축된 불꽃, 그게 브람스의 음악이었죠.

　브람스 이후의 작곡가들은 모두 그가 남긴 물음과 마주해야 했습니다. 라흐마니노프는 그 서정성과 긴장을, 쇤베르크는 그 구조적 정밀함을 계승했죠. 브람스는 한 시대의 종착점이자, 또 다른 시대의 문턱이었습니다.

오늘날에도 그의 음악은 여전히 연주되고 있습니다. 〈헝가리 무곡〉의 경쾌한 리듬, 〈교향곡 4번〉의 숭고한 고백, 〈자장가〉의 따뜻한 속삭임, 〈피아노 소나타〉의 드높은 이상, 그 어느 것 하나 시대에 묶여 있지 않습니다.

우리는 브람스를 '보수적인 천재' 혹은 '고전적 낭만주의자'로 부르곤 합니다. 하지만 말보다 음악을 앞세운, 사랑보다 헌신을 택한, 격정보다 품격을 지킨 브람스는 어쩌면 단지 자신의 소리를 끝까지 믿었던 사람이었을지도 모릅니다.

추천 플레이리스트 ──────●──────

· 고단한 청춘의 방황 끝에 발견한 민속음악의 생동감 〈**헝가리 무곡 5번**〉
· 소유하지 않는 사랑이 써 내려간 정제된 편지 〈**인터메조 Op.117-1**〉
· 고단한 청춘의 방황 끝에 발견한 민속음악의 생동감 〈**교향곡 1번 C단조**〉 **4악장**
· 남겨진 이들의 슬픔을 어루만지는 손길 〈**독일 레퀴엠**〉 **1악장**

모차르트에 버금가는
신동이 탄생했다고?

> 관중이 원하는
> 곡이라면 어떤 곡이든
> 연주할 수 있지.

〈동물의 사육제〉를 듣다 보면 분명 작곡가인 생상스는
따뜻하고 유머러스한 사람일 것 같습니다. 하지만 정작 그는 죽기 전까지
'백조'를 제외한 나머지 곡을 절대 대중 앞에서 연주하지 말라는 유언을
남겼는데요. 왜 그는 자신의 가장 유명한 작품을 숨기려 했을까요?

〈동물의 사육제〉라는 곡을 들어본 적 있나요? 동물들의 모습을 표현한 재미있는 모음곡이죠. 사자, 코끼리, 캥거루 그리고 그중에서도 가장 유명한 백조의 테마는 여러 매체에서 흘러나와 클래식 음악을 잘 모르는 사람에게도 친숙한 곡입니다.

　이토록 사랑스러운 곡을 만든 사람은 분명 따뜻하고 유머러스할 거라는 생각이 드는데요. 하지만 정작 이 곡의 작곡가는 죽기 전까지 '백조'를 제외한 나머지 곡을 절대 대중 앞에서 연주하지 말라는 유언을 남겼답니다. 이 모음곡이 자신의 명성을 흠집 낼 유치한 음악이라 여겼기 때문입니다.

　프랑스 음악의 위대한 수호자이자 모차르트에 버금가는 신동이라 불렸으며, 당대 최고의 피아니스트이자 오르가니스트, 작곡가, 시인, 비평가 그리고 아마추어 천문학자이기도 했던 천재 카미유 생상스는 어째서 자신의 가장 유명한 작품을 부끄러워했을까요?

모차르트에 버금가는 신동의 탄생

음악의 역사에는 종종 신의 실수가 아닐까 의심하게 만드는 이들이 나타나곤 합니다. 볼프강 아마데우스 모차르트라는 이름은 그 자체로 '신동'의 대명사가 됐죠. 그런데 19세기 프랑스 파리에서 모차르트의 신화에 감히 도전장을 내민 한 아이가 나타났습니다. 그의 이름은 카미유 생상스였습니다.

그의 유년기는 평범함과 거리가 멀었습니다. 보통의 아이들이 장난감을 가지고 놀 때 그는 집 안의 모든 소리에 귀를 기울였습니다. 주전자의 물 끓는 소리를 듣고 정확한 음계를 흥얼댔고, 두 살 때는 피아노 앞에 앉아 건반을 더듬으며 멜로디를 만들었습니다.

그의 재능을 일찍이 발견한 할머니의 헌신적인 교육 아래, 아이는 글을 읽기도 전에 악보를 읽기 시작했습니다. 세 살배기 아이의 손에서 나온 것이라고는 믿을 수 없는 작은 왈츠가 악보 위에 그려졌을 때, 주변 사람들은 이 아이가 신이 보낸 선물이거나 불가사의한 존재 그 자체일지도 모른다고 생각했습니다. 파리의 음악계는 이 경이로운 아이의 소식으로 술렁이기 시작했죠.

그리고 마침내 소년이 열한 살이 되던 해인 1846년, 그의 공식적인 데뷔 무대가 파리의 명망 높은 플레옐이라는 콘서트홀에서 열렸습니다. 작은 아이가 거대한 그랜드 피아노 앞에 앉았을

1846년에 데뷔한 11세의 신동 카미유 생상스

때, 객석의 분위기는 기대와 의심으로 가득 찼습니다. 하지만 첫음이 연주되는 순간, 모든 의심은 경탄으로 바뀌었습니다.

소년이 연주한 곡은 당대 최고의 거장들도 버거워하는 모차르트와 베토벤의 난해한 피아노 협주곡들이었습니다. 소년의 손가락은 단순히 건반을 정확히 누르는 것을 넘어, 때로는 폭풍처럼 휘몰아치고 때로는 서정적인 시를 읊으며 모차르트, 베토벤의 영혼과 대화하는 듯했습니다.

객석은 열광의 도가니였습니다. 앙코르가 끊이지 않는 가운데 소년은 다시 무대 앞으로 걸어 나와 말했습니다.

"신사 숙녀 여러분, 앙코르로는 베토벤의 피아노 소나타 서른두 곡 중 원하시는 어떤 곳이든 연주해 드리겠습니다."

그것은 어떤 곡이든 모두 외워 즉석에서 연주하겠다는 자신감 넘치는 선언이었고, 이것이 프랑스 역사상 가장 경이로운 재능을 지녔다는 천재 음악가 생상스 명성의 시작이었습니다.

프랑스 음악의 수호자가 되다

열한 살의 데뷔 무대로 파리를 정복한 소년은, 이제 청년이 돼 프랑스 음악계의 가장 빛나는 별로 자리매김했습니다. 그는 파리 음악원을 수석으로 졸업했고, 스물세 살이라는 젊은 나이에 파리에서 가장 명망 높은 마들렌 사원의 오르가니스트로 임명됐습니다.

마들렌 사원의 거대한 파이프 오르간은 비로소 진정한 주인을 만났습니다. 그의 즉흥 연주는 단순 연주가 아닌 음으로 짓는 한 편의 장대한 건축물이었고, 그의 연주를 듣기 위해 파리의 시민은 물론 전 유럽의 음악가들이 주일 미사에 구름처럼 몰려들었습니다. '현존하는 세계 최고의 오르가니스트'라는 프란츠 리스트의 찬사는 이러한 경이로움을 목격한 자의 솔직한 고백이었습니다.

하지만 생상스가 마주한 19세기 중반의 프랑스 음악계는, 겉보기의 화려함과는 달리 깊은 불안을 안고 있었습니다. 극장은 이탈리아 오페라가 장악했고, 음악계 전반에는 바그너라는 독일의 거인에 의한 거대한 그림자가 짙게 드리워져 있었죠. 프랑스 고유의 기악 음악은 제대로 된 평가를 받지 못하

마들렌 사원의 대형 오르간 앞에 앉은 생상스

고 있었습니다. 그러던 1870년, 프로이센과의 전쟁에서 프랑스가 참패하면서 이 불안은 국가적인 굴욕감으로 폭발했습니다.

패배의 잿더미 속에서 생상스는 음악가로서 자신이 무엇을 해야 하는지 깨달았습니다. 단순히 개인의 명성을 위한 연주와 작곡을 넘어, 프랑스 민족의 자존심을 되찾는 일에 헌신해야 한다는 사명감이었죠.

그는 동료 음악가들을 규합해 '국민음악협회'를 창설합니다. '프랑스 예술'이라는 가치 아래, 오직 프랑스 작곡가들의 작품만을 연주하고 알리자는 것이 목표였습니다. 이는 단순한 음악 단체가 아니었습니다. 독일 문화에 맞서 프랑스 음악의 자존심을

되찾으려는 문화적 독립운동이었습니다.

그는 자신의 명성과 영향력을 이용해, 당시 무명이던 가브리엘 포레, 앙리 뒤파르크, 뱅상 댕디 같은 젊은 작곡가들의 작품을 세상에 알리는 데 앞장섰습니다. 이 시기를 거치며 생상스는 뛰어난 개인 연주자를 넘어 한 나라의 음악을 책임지는 수호자이자 선구자로 우뚝 서게 됩니다. 그의 이름은 곧 프랑스 음악 그 자체가 돼가고 있었습니다.

그토록 숨기고 싶었던 '위대한 장난'

모든 것을 이룬 듯 보였던 생상스의 삶에도 어두운 그림자가 드리우기 시작했습니다. 마흔이라는 늦은 나이에 생상스는 그의 오랜 예술적 동지였던 친구의 여동생, 열아홉 살의 마리로르 트뤼포와 결혼합니다. 곧이어 두 아들 앙드레와 장 프랑수아가 태어났고, 프랑스 음악의 수호자는 이제 한 가정의 가장이자 아버지가 되어 생애 가장 따뜻하고 평온한 시간을 보내는 듯했습니다.

하지만 곧 불행의 그림자가 그를 찾아왔습니다. 1878년의 어느 날, 잠시 한눈을 판 사이에 두 살 반이었던 큰아들 앙드레가 아파트 창문에서 떨어져 세상을 떠나고 만 것입니다. 이 믿을 수 없는 사고가 남긴 충격과 슬픔이 채 가시기도 전인 불과 6주 뒤에는, 생후 6개월이던 둘째 아들 장 프랑수아마저 폐렴으로 세상을 떠났습니다.

순식간에 모든 것을 잃은 생상스의 이성은 무너져 내렸습니다. 그는 고통을 감당하는 대신 모든 원망과 비난의 화살을 아내에게 돌렸습니다. 아이를 제대로 돌보지 못했다는 잔인한 말로 아내의 가슴에 대못을 박은 그는 결국 집을 나섰습니다. 그리고 3년 뒤, 머나먼 타국을 여행하던 중 편지 한 통으로 이별을 통보하고는 평생 그녀를 다시 보지 않았습니다. 음악의 논리와 형식은 완벽하게 지배했던 천재였지만, 자신의 삶을 덮친 비극의 무게를 이겨낼 방법을 알지는 못했습니다.

비극적인 사건 이후, 생상스는 더욱더 작곡과 연주 그리고 여행에 몰두했습니다. 그는 북아프리카의 사막과 베트남의 정글을 정처 없이 떠돌며, 차갑고 이지적인 작곡가이자 고독한 여행자로 살았습니다.

그러던 1886년 사순절 기간, 그는 오스트리아의 한 작은 마을에서 잠시 휴식을 취하며 첼리스트 친구가 주최하는 사적인 음악회에 참여하게 됐습니다. 평소의 진지함은 잠시 내려놓고 오직 친구들을 즐겁게 해줄 목적으로, 그는 단 며칠 만에 한 편의 유쾌한 모음곡을 완성합니다. 이것이 바로 〈동물의 사육제〉였습니다.

이 곡은 그의 깊은 음악적 지식과 번뜩이는 재치가 버무려진

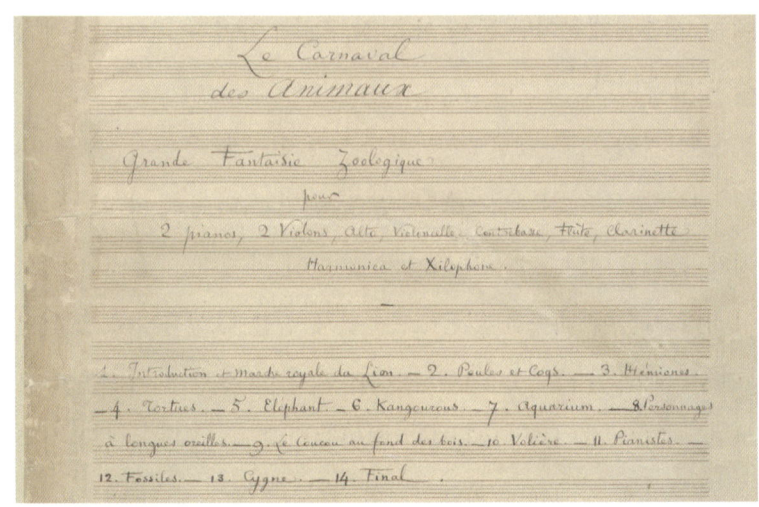

〈동물의 사육제〉 자필 악보

음악적 농담의 향연이었습니다. 그는 오펜바흐의 열정적인 〈천
국과 지옥〉 캉캉 춤곡을 거북이가 기어가는 듯한 느리고 장엄한
곡으로 바꾸었고, 육중한 코끼리는 베를리오즈의 〈요정의 춤〉에
맞춰 왈츠로 추게 했습니다. 심지어 자신의 유명한 작품인 〈죽음
의 무도〉의 선율마저 실로폰의 뼈다귀 소리로 되살려내 '화석'들
을 위한 춤곡으로 만들었죠. 음악회에 모인 친구들은 그의 기발
한 패러디와 재치에 즐거워했습니다. 잠시나마 얼어붙었던 그의
얼굴에도 따뜻한 미소가 피어났을 것입니다.

　하지만 음악회가 끝나자마자 생상스는 마치 즐거운 가면무도
회가 끝난 뒤 가면을 다시 벗듯, 진지한 대작곡가의 얼굴로 돌아

왔습니다. 그는 악보를 즉시 서랍 깊숙이 넣고, 자신이 죽기 전까지는 절대로 대중 앞에서 연주하지 말라고 못박았습니다. 프랑스 음악의 수호자로서 평생 쌓은 자신의 명성이 가벼운 '농담'으로 인해 훼손될 것이 두려웠던 것이었죠. 그는 오직 첼로의 아름다움이 극대화된 '백조'만이 작품의 품위를 해치지 않을 것이라 판단해 유일하게 출판을 허락했습니다.

아이러니하게도 자신의 유산을 그토록 신중하게 관리하던 이 위대한 작곡가는, 오늘날 자신이 그토록 숨기고 싶어 했던 바로 그 '위대한 장난'으로 가장 큰 사랑을 받고 있습니다. 그가 잠시 가면을 벗고 순수한 즐거움을 위해 썼던 음악이, 그가 평생을 바친 장엄한 교향곡과 오페라들보다 더 많은 사람의 마음속에 영원히 살아남게 된 것입니다.

과거에 남겨진 고독한 거인

두 아들을 잃고, 아내와도 헤어진 그는 점차 까다롭고 비판적인 성격의 소유자가 돼갔습니다. 개인의 삶이 무너진 이후, 생상스는 자신이 평생을 바쳐 지켜온 음악의 '질서'와 '형식'에 더욱 집착하게 됐죠.

특히 그는 자신이 평생을 바쳐 지켜온 프랑스 음악의 전통과 형식을 파괴하는 새로운 음악의 물결을 견디지 못했습니다. 기존 프랑스 음악의 문법과는 완전히 달랐던 드뷔시의 〈목신의 오후에의 전주곡〉을 처음 들은 생상스는 그에 대해 "음악이라기보다 그냥 조각들에 불과하다"라고 혹평했고, 원시적인 리듬과 불협화음이 폭발하는 스트라빈스키의 〈봄의 제전〉 초연에서는 공연 도중 자리를 박차고 나갈 정도였습니다.

그러나 그가 지키려 했던 아름다운 세계는 이미 과거의 것이 되어갔고, 새로운 시대의 청중들에게 그는 점차 '과거에 남겨진 고독한 거인'으로 비추어졌습니다.

모든 것을 가졌던 천재, 조국의 음악을 지켰던 영웅 그리고 사랑하는 모든 것을 잃었던 한 남자. 그의 음악이 때로는 장대하고, 때로는 눈부시게 아름다우면서도 어딘가 모르게 차갑고 쓸쓸하게 들리는 이유는 바로 그의 삶 자체가 빛과 그림자를 모두 품고 있기 때문일 것입니다.

추천 플레이리스트 ───────────●───────────────────────────

- 생상스가 생전에 유일하게 출판을 허락했을 만큼 아꼈던 첼로 명곡 〈**동물의 사육제**〉 중 '**백조**'
- 뼈가 부딪히는 소리를 묘사한 실로폰 연주와 바이올린의 기괴하면서도 매혹적인 선율을 가장 프랑스적으로 세련되게 표현한 〈**죽음의 무도**〉
- 칸 영화제를 대표하는 음악이자 판타지 영화의 신비로운 분위기를 대표하는 〈**동물의 사육제**〉 중 '**수족관**'
- 디즈니 애니메이션 〈환타지아 2000〉에 등장하여 큰 웃음을 준 〈**동물의 사육제**〉 중 '**피날레**'

후기 낭만 시대

Intro

음악,
민족과 세상을 품다

1896년 늦가을, 빈의 한 음악회장. 객석은 이미 만원이고, 복도와 계단까지 사람들로 가득합니다. 오늘은 바로 구스타프 말러의 새 교향곡이 초연되는 날입니다. 무대 위를 올려다본 관객들은 깜짝 놀라는데요, 바이올린, 첼로, 트럼펫, 호른, 하프, 심벌즈, 심지어 합창단까지 무려 200명이 넘는 연주자와 합창단이 무대를 가득 메우고 있기 때문이었죠.

'저렇게 많은 사람이 무대에서 한 곡을 연주한다고?'

누군가는 속삭이고, 누군가는 기대에 찬 눈빛으로 무대를 바라봅니다. 드디어 말러가 지휘봉을 들고 나타납니다. 첫 음이 울리는 순간, 객석은 숨을 삼켰고 음악은 조용한 종소리로 시작해 점점 자연의 소리와 새의 지저귐, 거대한 폭풍우로 이어집니다. 마치 세상의 모든 소리와 감정, 인생의 희로애락이 한 곡 안에 다 들어 있는

208

것만 같습니다. 어떤 관객은 감동에 겨워 눈물을 흘리고, 또 다른 관객은 "이게 음악이라고?"라며 어리둥절합니다.

공연이 끝난 뒤, 박수와 야유가 뒤섞인 소란스러운 분위기 속에서 말러는 묘한 미소를 지으며 무대를 떠났습니다.

"음악은 세계를 담아야 한다"

후기 낭만 시대로 접어들며 음악가들은 자연과 우주, 인간의 운명 심지어 인류 전체의 역사를 음악에 담으려고 했습니다. 이 시기의 오케스트라는 점점 더 커졌고, 악기 종류도 훨씬 다양해졌답니다. 말러는 "교향곡은 세계를 담아야 한다"라고 말하며, 음악에 자연의 소리와 민요, 삶과 죽음, 희망과 절망 같은 거대한 주제를 담아냈습니다.

또 다른 작곡가인 리하르트 슈트라우스는 오페라 〈살로메〉에서 욕망과 파멸, 금기의 감정을 거침없이 드러냈고, 교향시(시, 전설 같은 문학적 내용이나 회화적 내용을 표현한 단악장의 관현악곡) 〈차라투스트라는 이렇게 말했다〉에서는 철학과 우주, 인간의 운명을 웅장하게 노래했습니다. 음악은 한 편의 소설이나 영화처럼 방대했으며, 단순히 아름답고 조화로운 소리만을 추구하지 않고 불협화음과 급격한 전조, 예측할 수 없는 리듬과 멜로디로 청중을 놀라게 했습니다.

이 시대는 자신이 속한 민족과 문화, 역사를 음악에 담아내려는 강렬한 움직임이 일어난 시기이기도 했습니다. 음악가들은 자국의 고유한 민요, 춤곡, 전통 악기의 소리 등을 작품에 적극적으로 도입했죠. 때로는 외세에 대한 저항과 독립 의지를 담기도 했습니다.

핀란드의 작곡가 잔 시벨리우스의 교향시 〈핀란디아〉에는 숨겨진 이야기가 있는데요. 19세기 말, 러시아 제국의 지배 아래 있던 핀란드 사람들은 러시아의 탄압에 맞서 언론의 자유를 외치는 문화 운동을 일으켰습니다. 시벨리우스는 이 운동을 위해 〈핀란디아〉를 작곡했습니다. 하지만 당시 러시아 당국의 검열이 심해 처음에는 〈기쁜 감정의 음악〉과 같은 아무 의미 없는 제목으로 공연해야 했답니다. 이 곡은 곧 핀란드인의 '숨겨진 국가'가 됐고, 지금도 핀란드에서는 국가에 준할 정도로 사랑받고 있습니다.

후기 낭만주의 음악과 민족주의 음악은 서로 다른 듯하지만, 결국 자신의 정체성과 감정을 음악으로 표현한다는 공통점이 있습니다. 이 시기의 음악은 거대하고 복잡한 구조 속에서도 각 민족과 세상의 이야기를 담아내며 청중에게 깊은 공감을 이끌어 냈습니다.

무한을 지휘하려던 거장
말러

과연 '교향곡 9번의 저주'를 피할 수 있었을까?

언젠가 반드시 나의 시대가 올 거야.

평생 죽음의 공포에 시달렸던 구스타프 말러는 특히 베토벤과 슈베르트, 브루크너가 아홉 번째 교향곡을 남기고 죽었다는 사실에 근거한 '9번 교향곡의 저주'를 두려워했습니다. 그래서 그는 자신의 아홉 번째 교향곡에 다른 이름을 붙였죠. 그는 결국 죽음을 피할 수 있었을까요?

1860년, 오스트리아 제국의 보헤미아 지방 칼리슈트(현 체코 칼리슈테)의 한 유대인 가정에서 구스타프 말러가 태어났습니다.

　그는 훗날 "나는 삼중으로 집이 없는 망명자다"라고 술회하곤 했는데, 오스트리아 안에서는 보헤미아인으로, 독일인들 사이에서는 오스트리아인으로 그리고 세계 전체에서는 유대인으로 취급받았던 그의 '이방인'이라는 정체성은 말러 음악의 근간이 된 거대한 결핍이자 동력이었습니다.

　말러가 성장한 이글라우(현 체코 이흘라바)는 군악대의 금관 소리, 유대교 회당의 기도, 보헤미아의 민요가 뒤섞인 소란스러운 도시였습니다. 이런 환경은 훗날 그의 교향곡에서 고결한 성가와 비속한 행진곡이 기이하게 공존하는 '다성多聲의 세계'를 형성하는 밑거름이 됐습니다.

　그의 유년은 유독 죽음과 가까웠습니다. 열네 명의 형제 중 여덟이 어린 시절 세상을 떠났고, 장남으로서 그는 상실의 공포를 목격하며 자랐습니다. 어린 말러는 슬픔을 피아노 선율로 흘려보내며, 음악이 죽음과 삶을 가로지르는 통로임을 깨달았죠.

1875년, 열다섯 살의 말러는 빈 음악원에 입학합니다. 그러나 빈은 말러에게 축복만을 안겨주지 않았습니다. 반유대주의의 냉소, 예술가들 사이의 견제, 불안정한 경제 상황…. 말러는 이 모든 현실을 받아들이며, 동시에 현실 너머의 이상을 꿈꾸게 됐습니다.

지독한 완벽주의와 '빈의 독재자'

빈 음악원을 졸업한 말러는 화려한 작곡가의 길이 아닌, 오페라 극장의 말단 지휘자로 사회생활을 시작했습니다. 그는 유럽 전역을 돌며 지휘자로서의 역량을 다져나갔습니다. 당시 말러는 "하루 세 번, 세 개의 레퍼토리를, 세 개의 도시에서 연습해야 한다"라고 말했을 정도였죠. 말러에게 지휘봉은 권위의 상징이 아닌, 작품의 본질을 파헤치는 수술 도구나 다름없었습니다.

1888년, 부다페스트 왕립 오페라 극장의 음악 감독과 1891년, 함부르크 시립 오페라 극장 수석 지휘자를 거친 말러는 1897년, 마침내 유럽 음악의 심장부인 빈 궁정 오페라 극장의 음악 감독으로 입성합니다.

1800년대 후반, 빈 궁정 오페라 극장(현재 빈 국립 오페라 극장) 내부

유대인이라는 제약을 극복하기 위해 가톨릭으로 개종까지 한 그는 빈 오페라를 유럽 최고의 수준으로 끌어올렸습니다. 하지만 그는 가혹할 정도의 완벽주의를 추구했습니다. "전통이란 나태함의 다른 이름이다"라고 일갈하며 단원들을 몰아붙였기에 '빈의 독재자'라 불리기도 했죠.

그는 무대 장치, 조명, 각본에 이르기까지 공연의 모든 요소를 지휘자의 의도 아래 통제하려 했습니다. 이는 리하르트 바그너가 주장한 종합예술의 실현이었습니다. 그는 관객들이 음악에 집중할 수 있도록 공연 중 입장을 금지하고, 불을 끄는 관습을 정착시켰습니다.

여러 도시에서 음악 감독을 역임하던 시기에 작곡된 〈교향곡 1번〉과 〈교향곡 2번〉 그리고 〈방랑하는 젊은이의 노래〉 등은 그의 청춘과 야망, 상실과 자존의 복합적인 정서가 뒤엉킨 작품들이었습니다. 이제 말러는 자신만의 목소리를 내기 시작했고, 세상은 곧 그 목소리 앞에 조용해질 준비를 하게 됩니다.

"삶은 수많은 모순으로 이루어져 있다"

말러는 지휘자로 승승장구했지만, 진정한 자신은 오직 작곡할 때만 존재한다고 믿었습니다. 그는 여름이면 자연 속 '작곡 오두막'에 틀어박혀 거대한 교향곡들을 써 내려갔습니다. 말러에게 교향곡은 단순히 음악적 형식이 아니었습니다. 그는 평생의 지기였던 시벨리우스에게 이렇게 말했습니다.

"교향곡은 세계를 담아야 한다. 교향곡은 모든 것을 포함해야 한다."

그의 〈교향곡 2번 '부활'〉은 죽음의 어둠 속에서도 희망을 노래하는 작품입니다. 이 곡은 장엄한 종소리로 시작해 장례의 무거운 발걸음을 따라가다가 마지막에는 찬란한 부활의 메시지로 마무리되는 곡으로, 종교적 교리를 넘어선 인간 정신의 승리를 보여줍니다. 이어지는 〈교향곡 3번〉은 꽃과 동물, 천사가 말하는

약 1천 명이 연주한다는 〈교향곡 8번 '천인 교향곡'〉

소리를 담아내며, 자연과 우주의 생명력을 여섯 개 악장의 거대한 우주로 구현했습니다.

말러는 고전적인 클래식의 형식을 계승하면서도, 그 안에 소박한 민요 선율과 새소리, 멀리서 들려오는 행진곡 등 삶의 구체적인 파편들을 무질서하게 섞어놓았습니다. 당시 비평가들은 '잡동사니 같은 음악'이라 비난했지만, 사실 이는 우리의 삶 자체가 논리적이지 않고, 수많은 모순과 소음으로 이루어져 있다는 말러의 통찰이었습니다. 그는 음악을 통해 인간의 내면적 진실과 우주의 거대함을 동시에 직시하고자 했습니다.

절정의 순간에 맞이한 고독

말러는 41세의 나이에 결혼했습니다. 신부는 스무 살 연하의 아름답고 예술적 감각이 풍부한 여인, 알마 쉰들러였죠. 이들의 사랑은 열정적이었으나 시작부터 비극의 씨앗을 품고 있었습니다.

말러는 결혼 조건으로 알마에게 작곡을 그만두고 자신의 아내로서만 충실할 것을 요구했습니다. '두 명의 예술가가 한 지붕 아래 살 수 없다'는 그의 독단적인 선언은 알마의 예술성을 억눌렀고, 이는 훗날 두 사람 사이의 깊은 균열로 이어집니다. 그럼에도 브람스가 클라라를 위해 음악을 썼듯, 말러 역시 알마를 향한 복잡 미묘한 사랑을 음악에 담았습니다.

〈교향곡 5번〉의 유명한 '아다지에토' 악장은 말러가 알마에게 보낸 무언의 연애편지였습니다. 현악기와 하프만으로 연주되는 서정적인 선율은, 그가 평소 말로 표현하지 못했던 지극한 애정과 갈망을 고스란히 드러냅니다.

알마 쉰들러 말러와 그의 딸들

그러나 1907년, 이들에게 여러 비극이 동시에 닥칩니다. 바로 빈 오페라 극장에서의 사임, 첫째 딸 마리아의 죽음 그리고 말러의 심장병 진단이었죠. 상실의 고통 속에 알마는 다른 남성에게 눈을 돌렸고, 말러는 무너졌습니다. 그는 뒤늦게 알마의 작곡 활동을 장려하며 관계를 회복하려 애썼지만, 이미 육체적으로나 정신적으로나 돌이킬 수 없을 만큼 쇠약해진 상태였습니다.

그러나 아이러니하게도 음악가로서는 절정의 순간을 누리고 있었습니다. 그는 뉴욕 메트로폴리탄 오페라와 필하모닉에서 지휘를 맡아 유럽과 미국을 오가며 활약했습니다. 그의 음악은 점점 더 크고 철학적인 구조로 확장됐고, 교향곡의 영역을 새롭게 열어젖히고 있었습니다.

그러나 명성이 평안함을 안겨주지는 못했습니다. 외국에서는 유대인이라는 이유로, 보수적인 음악계에서는 새로운 형식을 시도하는 급진성 때문에 끊임없이 비판과 견제를 받아야 했습니다. 거대한 무대 위에 올라 있었지만, 그의 마음은 점점 더 고독해지고 있었던 것입니다.

사랑과 영광을 모두 가졌지만, 그 어느 것도 온전히 품을 수 없었던 이 시기는 말러의 음악에 그대로 새겨져 있습니다. 복잡하고도 조용한 심연, 그것이 바로 이 시기의 말러였던 것입니다.

9번 교향곡의 저주와 영원한 이별

말러는 평생 죽음의 공포에 시달렸던 강박적인 예술가였습니다. 특히 그는 베토벤과 슈베르트, 브루크너가 아홉 번째 교향곡을 남기고 죽었다는 사실에 근거한 '9번 교향곡의 저주'를 극도로 두려워했죠. 그래서 그는 아홉 번째 교향곡에 번호를 붙이는 대신 〈대지의 노래〉라는 이름을 붙여 죽음을 피하고자 했습니다.

〈대지의 노래〉는 중국의 한시漢詩에서 영감을 얻어, 삶의 허무와 자연의 영원함을 노래한 작품입니다.

"사랑하는 대지는 어디서나 꽃피고 푸르러지며,
영원히 푸른 빛으로 빛나리라.
영원히… 영원히…."

마지막 악장 '이별'에서 "영원히"라는 단어가 서서히 사라지듯 반복되는 대목은, 말러가 세상에 남긴 가장 숭고한 작별 인사였습니다. 그는 결국 죽음을 피하지 못한 채 1911년 5월, 50세의 나이로 세상을 떠났습니다.

말러는 생전에 "언젠가 나의 시대가 올 것이다"라고 예언했습니다. 그의 말대로 20세기 후반에 이르러 세상은 그의 복잡하고 파편화된 음악을 이해하기 시작했고, 말러의 음악은 오늘날 현대인의 불안과 고독 그리고 그 속에서 찾으려는 구원의 목소리를 대변하는 가장 강력한 언어가 됐습니다.

말러는 무한한 우주를 지휘하려 했던 거장이었지만, 동시에 사랑하는 이를 잃을까 두려워했던 나약한 인간이기도 했습니다. 그의 교향곡은 그 거대한 간극 사이에서 피어난 꽃이자, 모두가 겪는 생의 고통을 어루만지는 웅장한 위로입니다. 그는 사라졌지만, 그가 악보에 새겨넣은 '세계의 소리'는 지금 이 순간에도 영원히 울려 퍼지고 있습니다.

추천 플레이리스트

- 모든 소음과 슬픔을 품어 안은 청춘의 초상 〈교향곡 1번 '거인'〉 4악장
- 상실의 공포를 목격하며 자란 소년이 도달한 영혼의 안식 〈교향곡 2번 '부활'〉 5악장
- 알마를 향한 지극한 사랑과 갈망이 빚어낸 무언의 편지 〈교향곡 5번〉 4악장 '아다지에토'
- 영원한 대지의 품으로 건네는 마지막 인사 〈대지의 노래〉 중 '이별'

너무나 러시아적이었기에 너무나 세계적이었던

차이콥스키

초연 9일 만에 사망,
그 죽음의 비밀은?

기쁨은 터질 듯
화려하게,

슬픔은 뼈가
시릴 정도로 처절하게
표현하고 싶었지.

차이콥스키는 마지막 완성 교향곡인 〈교향곡 6번〉의 초연 9일 뒤
세상을 떠납니다. 그의 사망을 둘러싼 미스터리는 오늘날까지도
많은 해석을 낳고 있지만, 확실한 것은 그가 이미 이별의 말을 남겼다는 점입니다.
〈교향곡 6번〉에 남긴 마지막 메시지는 무엇이었을까요?

차이콥스키는 유럽의 고전주의와 낭만주의 음악 양식을 정통
으로 이어받은 작곡가였습니다. 그가 남긴 교향곡, 오페라, 발레
음악은 구조적으로나 화성적으로 독일과 프랑스를 잇는 음악적
어법 안에 놓여 있었죠.

　그러나 그의 음악은 거기에서 멈추지 않았습니다. 차이콥스
키는 서양 음악의 체계 안에 러시아의 정서, 슬라브 민족의 정념,
정교회의 영성과 토속적인 선율을 스며들게 했습니다. 그가 만
들어낸 음악은 서구에서 흡수되면서도, 동시에 러시아적인 것이
었고, 러시아에서 탄생했으면서도 세계적으로 통용될 수 있었습
니다. 마치 오늘날 K-pop이 글로벌한 음악 어법 속에 한국의 정
서를 녹여낸 것처럼요.

러시아의 정서와 유럽의 언어 사이에서

1840년 5월 7일, 러시아 제국의 한 변두리 마을 보트킨스크에서 한 아이가 태어났습니다. 이름은 표트르 일리치 차이콥스키. 훗날 전 세계가 그의 선율에 마음을 빼앗길 터였지만, 그의 삶은 태어날 때부터 순탄치 않았습니다. 감정의 파도 앞에서 늘 흔들렸고, 가까운 이들의 사랑을 받으면서도 마음속에는 언제나 고요한 외로움이 파고들었죠.

차이콥스키는 중산층 이상의 가정에서 자라서 교육 수준도 높았습니다. 아버지는 광산 기술자이자 행정가였고, 어머니는 프랑스어와 피아노에 능통한 여성이었습니다. 집에는 늘 음악이 흘렀고, 아이는 자연스럽게 피아노 건반에 손을 얹었습니다.

그러나 그 소리는 종종 기쁨보다 눈물에 가까웠습니다. 차이콥스키는 어릴 적부터 몹시 민감하고 내성적인 아이였습니다. 큰소리나 거친 말에 쉽게 상처받았고, 혼자만의 세계로 자주 빠져들었죠.

가장 결정적인 상실은 14세 때 찾아옵니다. 그가 가장 의지하던 어머니가 콜레라로 갑작스럽게 세상을 떠난 것입니다. 어린 차이콥스키는 이 죽음을 극복하지 못했습니다. 그의 전 생애는 어머니에 대한 그리움, 사랑과 상실의 반복 그리고 그 감정을 음악으로 승화시키려는 시도로 가득 찼습니다.

차이콥스키는 IO대 후반에 아버지의 권유에 따라 상트페테르부르크 법학 학교에 입학했습니다. 졸업 후에는 실제로 러시아 법무부에서 근무하기도 했죠. 그러나 공무원 생활은 마치 잘못 입은 옷처럼 어색했습니다. 사무실 책상 앞에 앉아 있어도 그의 내면에서는 늘 선율이 흘러나오고 있었거든요.

그는 스물한 살이 되던 해, 모든 안정적인 삶의 경로를 뒤로 한 채 상트페테르부르크 음악원에 입학합니다. 자신의 상처, 감정, 존재를 가장 잘 표현할 수 있는 언어는 말이 아니라 음악이라는 것을 누구보다 잘 알고 있었던 것입니다.

차이콥스키는 상트페테르부르크 음악원에서 교육을 받으며 본격적인 작곡가의 길로 들어섰습니다. 그의 스승은 안톤 루빈시테인으로, 음악원을 세운 사람이자 서유럽식 음악 교육을 철저히 도입한 인물이었죠.

차이콥스키는 이곳에서 대위법, 화성학, 형식 분석 등 당시 유럽 음악의 이론을 체계적으로 습득했습니다. 그 과정은 때로 고통스럽고 낯설었지만, 차이콥스키에게는 자신의 혼란스러운 내면을 구조화하는 질서이자, 감정을 정제해주는 언어가 돼주었습니다.

그러나 러시아의 음악계는 호락호락하지 않았습니다. 당시 러시아에는 유럽식 아카데미즘을 지향하는 세력과 민족 고유의 음악 정체성을 강조하는 세력, 즉 '러시아 5인조'로 불리는 발라

1917년, 상트페테르부르크 음악원 전경

키레프, 큐이, 무소륵스키, 보로딘, 림스키코르사코프 등이 양립하고 있었습니다. 이들은 서유럽 음악 전통을 경계하며, 러시아 고유의 선율과 리듬, 민요, 정교회 선법 등을 음악 속에 적극 반영하려 했죠.

차이콥스키는 이 두 흐름 사이에서 늘 균형을 고민했습니다. 그는 러시아인으로서 민족적 색채를 깊이 사랑했지만, 동시에 서유럽의 정제된 음악 어법과 형식미도 흠모했죠.

대표적인 예가 그의 첫 번째 교향곡 〈겨울날의 환상〉입니다. 이 곡은 당시 학생이었던 차이콥스키가 작곡한 작품으로, 러시아의 설경과 겨울의 정서를 담고 있지만, 구조는 고전적 교향곡의 형식을 따르고 있습니다. 교향곡 안에서 그는 '러시아의 정서'를 '유럽의 언어'로 말하고 있었던 것이죠. 이것이 바로 차이콥스키만의 음악적 정체성이었습니다.

이러한 입장은 비평가들 사이에서 늘 논란의 대상이 되었습니다. 5인조와 가까웠던 음악 평론가 블라디미르 스타소프는 차이콥스키의 음악을 '서유럽의 화장술로 꾸며진 러시아인의 얼굴'이라 비판했고, 반대로 독일 비평가들은 그의 음악이 '러시아적 감정의 범람'이라며 경계했죠. 그러나 차이콥스키는 어느 한 편에 자신을 온전히 귀속시키지 않았습니다.

이러한 입장은 그의 음악이 러시아를 넘어 유럽과 세계로 퍼지는 데 큰 힘이 되었습니다. 그는 민족주의에 머물지 않고, 감정의 보편성과 인간 내면의 깊이를 음악으로 이야기했습니다. 그렇기에 그의 발레 음악은 파리와 런던의 무대에서 사랑받았고, 그의 교향곡은 베를린과 빈에서도 연주되었습니다.

사랑이라는 이름의 침묵

차이콥스키는 젊은 시절부터 자신이 동성애적 성향을 가졌음을 분명히 인식하고 있었습니다. 그러나 19세기 러시아 제국에서 특히 예술가이자 교육자, 공인으로서 이 사실을 드러낸다는 것은 곧 사회적 생명을 포기하는 일이었습니다. 그는 오랜 시간 이 사실을 숨겼고, 그것이 그의 삶과 창작 전반에 깊은 그림자를 드리웁니다.

그는 자신의 편지에서 종종 '나는 사랑할 수 없는 존재'라고 적었습니다. 이 억압된 감정은 차이콥스키의 음악 안에서 묘하게 발산됩니다. 언어로는 말할 수 없는 진실이 선율의 곡선 속에서 터져 나오는 것이죠.

1877년, 그는 당시 제자였던 안토니나 밀류코바와 갑작스레 결혼을 감행합니다. 이 결혼은 자신이 '정상'이라는 증명 혹은 사

신혼여행 중인 안토니나 밀류코바와 차이콥스키

회적 압력을 피하기 위한 선택이었을 것입니다. 하지만 이 결혼은 2개월 만에 파국을 맞았고, 그는 신경쇠약과 우울증에 시달리다가 결국 러시아를 떠나 유럽 곳곳을 떠돌게 됩니다. 차이콥스키는 이후 평생을 독신으로 살며, '사랑'이라는 단어를 더 이상 입에 올리지 않으려 했습니다.

그러나 그에게는 삶을 이어가게 해준 또 다른 관계가 있었습니다. 바로 수년간 후원을 아끼지 않은 미망인이자 사업가 나데즈다 폰 메크였습니다. 두 사람은 단 한 번도 직접 얼굴을 마주한 적이 없었지만, 수많은 편지를 통해 서로의 내면을 고백하고 위로하며 일종의 정신적 연애를 이어갔습니다. 나데즈다는 그를 '존경과 동경'의 대상이라 표현했고, 차이콥스키는 그녀와의 편지가 '자신의 진짜 자아를 드러낼 수 있는 유일한 공간'이라 밝혔습니다.

차이콥스키는 사랑을 말하는 대신 조용히 악보 위에 올려두었습니다. 그의 〈로미오와 줄리엣〉 '환상 서곡', 〈안단테 칸타빌레〉, 〈예브게니 오네긴〉의 '렌스키 아리아', 〈백조의 호수〉의 비탄 어린 선율은 그가 표현할 수 없었던 사랑의 얼굴들입니다. 현실에서는 침묵했던 사랑이, 음악에서는 더없이 선명하게 피어났던 것이죠.

경계와 시대를 넘어 듣는 이의 가슴속으로

19세기 후반 러시아는 '서구화된 유럽'과 '전통적 러시아' 사이에서 국가 정체성을 놓고 격렬히 요동치고 있었습니다. 음악계 또한 예외는 아니었죠. 특히 민족주의 작곡가 러시아 5인조는 서양 고전주의의 영향을 거부하고, '진짜 러시아 음악'을 만들려 했습니다.

하지만 차이콥스키는 이 흐름에 완전히 속하지 못했습니다. 그는 상트페테르부르크 음악원에서 정식 음악 교육을 받았고, 화성과 대위법, 형식미를 중시하는 서유럽식 어법에 익숙했죠.

그럼에도 차이콥스키는 민족의 작곡가가 되고자 했습니다. 그는 러시아 전통 선율을 연구했고, 민속 무용과 종교 성가의 요소들을 자신의 교향곡, 발레 음악, 오페라에 적극적으로 녹여냈습니다. 〈1812년 서곡〉에서는 대포 소리와 정교회의 성가를 차용해 민족적 자긍심을 고취했고, 〈예브게니 오네긴〉이나 〈마제파〉와 같은 오페라에서는 러시아 문학의 정서를 음악으로 풀어냈죠.

그러나 차이콥스키의 음악은 러시아의 울타리를 넘어서 있었습니다. 그의 선율은 멜랑콜리하면서도 세련되었고, 감성은 정제되면서도 격정적이었으며, 형식은 고전주의를 따르면서도 정서적으로는 낭만주의의 절정에 닿아 있었습니다. 이것이 바로 차이콥스키 음악의 독보적인 위치였습니다. 그는 민족주의와 세계주의의 교차점에서 어느 하나를 포기하지 않은 채 자신만의 음악 세계를 만들어갔던 인물입니다.

이러한 차이콥스키의 음악은 유럽 무대에서도 성공을 거두었습니다. 그의 발레 음악인 〈백조의 호수〉, 〈잠자는 숲속의 미녀〉, 〈호두까기 인형〉은 전 세계 무대에서 사랑받았고, 〈바이올린 협주곡〉, 〈피아노 협주곡 1번〉은 전 유럽의 연주자들이 연주하고 싶어 하는 곡이 되었습니다.

그가 국제적 성공을 거둘수록, 그를 향한 러시아 내부의 시선은 더 차가워졌습니다. 하지만 그는 자신의 정체성을 한 국가, 한 민족, 한 계급에 가두고 싶어 하지 않았습니다.

음악의 세계화를 실현한 러시아 최초의 작곡가

1880년대 중반, 40대 중반의 차이콥스키는 음악적으로 정점에 있었습니다. 경제적 안정과 국제적 명성까지 따라왔지만, 정작 그의 편지와 일기 속에는 외로움과 불안 그리고 설명할 수 없는 슬픔이 짙게 배어 있었습니다.

그는 예민했고 자주 흔들렸으며, 대중의 기대와 자신의 내면 사이에서 방황했습니다. 특히 성 정체성 문제는 그를 계속 억누르고 있었죠. 이 감정은 음악을 통해 더욱 격렬하게 터져 나옵니다.

〈백조의 호수〉를 작곡하는 데 영감을 얻었다는 노보데비치 수도원

이 시기 대표작인 〈교향곡 5번〉은 차이콥스키 특유의 내면적 서사와 극적인 감정선이 응축된 작품입니다. 반복적으로 등장하는 '운명의 동기'는 마치 피할 수 없는 고통과 맞서 싸우는 듯한 긴장감을 불러일으키죠. 이 곡은 결국 환희의 마침표를 찍으며 끝나지만, 그 속에는 단순한 승리감이 아니라 '겨우 도달한 평온'이 담겨 있습니다.

그의 마지막 완성 교향곡인 〈교향곡 6번 '비창'〉은 더욱 직접적인 고백처럼 느껴집니다. 이 곡은 작곡가가 스스로 '가장 진실한 감정'을 담았다고 말한 작품이며, 1악장의 서늘한 고독, 3악장의 환상적 고양 그리고 마지막 악장의 침잠은 마치 하나의 자서전 같습니다.

특히 이 마지막 악장은 음악사적으로도 매우 드문 시도였습니다. 전통적으로 교향곡은 장중한 결말로 마무리되지만, 차이콥스키는 이 곡을 느리고 고통스러운 침묵 속에서 끝맺습니다. 점점 낮아지는 현악기의 선율 그리고 바닥으로 가라앉듯 사라지는 종결부는 무언가를 완전히 놓아버리는 듯한 인상을 주죠. 그는 살아 있었지만 세상과 작별할 준비를 마친 사람처럼 이 곡을 써내려갔습니다.

그런 면에서 이 '비창'은 차이콥스키가 자신의 삶과 화해하려 했던 음악입니다. 이 곡의 초연은 1893년 10월 28일에 있었고, 차이콥스키는 단 9일 뒤, 11월 6일에 세상을 떠납니다. 사인은 콜레라로 발표되었지만, 그의 사망을 둘러싼 수많은 미스터리는 오늘날까지도 여전히 많은 해석을 낳고 있습니다. 무엇이 진실이든 확실한 것은 그가 남긴 마지막 선율에 이미 이별의 말이 담겨 있었다는 점입니다.

차이콥스키가 세상을 떠난 지 어느덧 100년이 넘었습니다. 그럼에도 그의 음악은 여전히 세계 곳곳에서 울려 퍼지고 있습니다. 무엇보다 그는 기억되는 선율을 만든 사람이었습니다. 누구나 한 번쯤은 들어봤을 법한 〈백조의 호수〉의 테마, 〈호두까기 인형〉 속 '꽃의 왈츠', 그리고 〈교향곡 6번 '비창'〉의 침잠하는 현악기 흐름까지 그 모든 멜로디는 시간이 흘러도 낡지 않는 감정의 언어로 남아 있습니다.

그의 음악은 이론적 완벽함보다는 마음의 떨림이 먼저였고, 차가운 계산보다는 뜨거운 고백이 우선이었죠. 그래서 마치 한 편의 일기처럼 느껴집니다.

반면 동시대의 비판을 받기도 했습니다. 러시아 내에서는 민족주의 음악가들과 거리를 두었기에 어중간하다는 인식도 있었죠. 그러나 바로 그 경계 위에 서 있었기에 차이콥스키는 더 보편적인 언어를 만들어낼 수 있었습니다.

그는 러시아 최초의 세계적인 작곡가이자 러시아 음악을 '세계화'로 이끈 선구자였습니다. 글린카가 씨앗을 뿌렸다면, 차이콥스키는 그것을 꽃피웠죠. 그의 뒤를 이은 림스키코르사코프, 스트라빈스키, 라흐마니노프, 프로코피예프 역시 그가 열어놓은 세계 속에서 자라날 수 있었습니다.

또 그는 교육자로서도 후대에 큰 영향을 주었습니다. 모스크바 음악원에서의 교육 활동, 후배 작곡가들을 향한 따뜻한 조언, 제자들에게 보낸 수많은 편지들. 늘 외롭고 흔들리던 그였지만, 누군가에게는 음악 인생의 든든한 조력자가 되어주려 했습니다.

차이콥스키의 음악은 국적과 언어를 넘어 듣는 이의 마음속으로 스며듭니다. 그는 서구의 음악 어법을 따르면서도 그 안에 러시아인의 정서와 슬픔, 기쁨과 그리움을 녹여 넣었습니다. 자신만의 문화적 정체성을 숨기지 않고 음악 속에 녹여, 더 넓은 세계와 마음을 나누었습니다. 국경과 시대, 언어와 이념을 뛰어 넘는 진심. 그것이 차이콥스키가 남긴 가장 위대한 유산입니다.

추천 플레이리스트 ━━━━━━━━━●━━━━━━━━━━━━━━━━━━━━━━━━━━━

- 고전적 형식 안에 뜨거운 정열을 담아 전 세계 연주자들의 로망이 된 대표작 〈**피아노 협주곡 1번**〉 1악장
- 애절한 선율 속에 작곡가 내면의 고독과 말할 수 없는 사랑의 상처를 섬세하게 녹여낸 〈**백조의 호수**〉 중 '**정경**'
- 삶의 겨울 끝에서 건네는 가장 진실하고 처절한 작별 인사 〈**교향곡 6번 '비창'**〉
- 누구나 기억하는 아름다운 선율 속에 담긴 보편적인 감성의 힘, 발레 〈**호두까기 인형**〉 중 '**꽃의 왈츠**'
- 슬라브적 서정과 기교의 정점이 만난 낭만주의의 결정체 〈**바이올린 협주곡 D장조**〉 1악장

좌절이 남긴 인간적인 선율

라흐마니노프

깊은 우울증을 극복하고 탄생한 기적의 명곡은?

다시 교향곡을 작곡하고, 피아노를 연주하게 될지 몰랐어.

첫 교향곡의 실패는 라흐마니노프를 깊은 우울과 불안에 빠뜨렸습니다. 그는 몇 년간 음악을 할 수 없었지만, 스스로 알을 깨기 위한 노력을 쉬지 않았습니다. 그렇게 긴 공백기 끝에 탄생한 곡이 바로 〈피아노 협주곡 2번〉입니다. 그는 어떻게 좌절을 극복하고 다시 청중의 찬사를 받을 수 있었을까요?

1901년 한겨울, 모스크바의 한 극장. 무대 뒤에서 한 청년이 손을 떨며 자신의 피아노 협주곡을 연주하기 위해 기다리고 있었습니다. 세상은 이미 그를 '실패한 작곡가'라며 수군거렸죠.

　첫 교향곡의 처참한 실패 이후, 4년 가까이 심각한 우울과 자책에 빠져 '더 이상 작곡할 수 없다'는 절망까지 안고 살아가던 이 청년은, 그날 밤 극장에서 러시아의 피아노 선율을 눈보라처럼 쏟아냈습니다. 관중이 숨을 죽일 만큼 애절했고, 때론 피를 토하듯 강렬했던 음악은 모두의 심장을 멎게 했습니다. 그것은 바로 세르게이 라흐마니노프의 음악이었습니다.

위기의 문제아에서 러시아 음악의 미래로

　라흐마니노프는 1873년, 러시아 귀족 가정에서 태어났습니다. 엄격했던 어머니 덕분에 어린 시절부터 피아노 레슨을 혹독하게 받았다고 전해지죠. 1882년, 열 살이 된 라흐마니노프는 러시아 최고의 음악 교육기관인 상트페테르부르크 음악원 예비 과정에 입학합니다.

하지만 어린 그에게 음악원 생활은 쉽지 않았습니다. 할아버지의 사망, 집안의 경제적 몰락, 부모님의 불화 그리고 형제의 죽음까지 잇따른 가족사로 인해 학업에 집중하기 힘들었고, 숙식 환경 또한 열악해 건강까지 악화됐죠. 실제로 라흐마니노프는 자주 수업에 빠졌고 규율을 어겨 음악원에서 '게으른 학생'이라는 이미지가 생겨버렸습니다. 결국 낮은 성적과 불성실한 생활로 인해 1885년에는 퇴학 위기에 처합니다.

이때 그의 재능을 알아본 피아노 교사 알렉산드르 질로티와

스승이었던 알렉산드로 질로티(좌)와 라흐마니노프(우)

친척들이 모스크바 음악원에서 좀 더 체계적으로 공부하라며 이동을 권유합니다.

그리고 1885년, 모스크바 음악원에 들어간 라흐마니노프는 이전과는 180도 달라진 모습을 보입니다. 어머니와 함께 생활하며 정서적 안정을 되찾았고, 당대 최고의 교수들에게 실력을 인정받으며 우수한 성적으로 졸업했죠. 1892년에는 피아노 및 작곡부에서 금메달을 수상하며, 모스크바 음악원의 최연소 졸업생이 됩니다.

그 무렵, 라흐마니노프는 당대 러시아 음악의 거장 표트르 차이콥스키를 만나게 됩니다. 차이콥스키는 라흐마니노프의 재능을 높이 평가했고, 젊은 라흐마니노프 역시 차이콥스키를 진심으로 존경했죠.

두 사람의 특별한 인연은 라흐마니노프가 작곡한 〈알레코〉가 차이콥스키의 추천과 도움으로 볼쇼이 극장 무대에 오르면서 결정적으로 맺어집니다. 차이콥스키는 라흐마니노프를 '러시아 음악의 미래'라고 부를 정도였어요. 그래서인지 라흐마니노프는 평생 차이콥스키에 대한 깊은 존경심을 잃지 않았습니다.

그의 〈프렐류드 C#단조〉는 차이콥스키의 죽음에 바친 곡으로 알려져 있으며, 라흐마니노프는 여러 차례 차이콥스키를 처음 만났을 때의 감동을 절대 잊지 못한다고 회고했습니다. "나의 진짜 스승은 차이콥스키"라고 말하기도 했죠.

실패의 절망을 딛고 일어선 피아노 협주곡

이미 20대 초반에 작곡가와 피아니스트로서 이름을 알린 라흐마니노프는 단숨에 젊은 거장으로 인정받았습니다. 하지만 그의 인생이 순탄치만은 않았어요. 첫 교향곡의 대실패와 이를 향한 비난, 사랑하는 숙모와 누나의 죽음, 자신에 대한 극심한 실망감은 그를 깊은 우울과 창작 불안에 빠뜨렸습니다. 후에 전해지는 그의 이야기에 따르면 '악보가 모두 잿더미가 돼버린 기분'이었다고 해요.

라흐마니노프는 몇 년간 작곡을 포기하고 살았어요. 가족, 친구, 의사가 모두 그를 일으켜보려 했지만, 누구도 그의 마음을 열 수 없었죠. 결국 라흐마니노프는 니콜라이 달 박사의 최면 요법과 격려를 들으며 스스로 가둔 알을 부숴갔습니다.

이러한 인내의 시간을 거쳐 비로소 탄생한 곡이 바로 그 유명한 〈피아노 협주곡 2번〉입니다. 이 곡은 마치 심연에서 천천히 올라오듯 어둡고도 힘겹게 시작합니다. 그러나 금세 궁극적인 희망으로 전환되는 멜로디, 2악장의 달콤하고 애잔한 선율과 마지막 감동의 피날레까지 모든 악장이 '좌절 속에서 일어서는 인간'을 그리고 있죠.

이 곡이 초연되던 밤, 청중의 기립박수와 찬사 속에서 라흐마니노프는 마침내 주저앉은 거인이 다시 일어서는 기적을 만들어

니콜라이 달 박사에게 헌정한 〈피아노 협주곡 2번〉 악보의 첫 페이지

냈습니다. 지금도 이 곡은 수많은 드라마와 영화, 광고 음악 등으로 친숙하게 들리는데요. 들을수록 우리의 마음을 울리는 이유는, 그 속에 희망 없는 밤을 버텨낸 실제 라흐마니노프의 흔적이 담겨 있기 때문 아닐까요.

폭발적 기교와 서정으로 고독을 노래하다

라흐마니노프는 1917년, 러시아 혁명을 피해 미국으로 망명했습니다. 이민자이자 러시아 귀족임에도 미국에서 그는 최고의 피아니스트, 지휘자, 작곡가로 존중받았습니다.

하지만 그의 음악은 언제나 고향 러시아를 향한 그리움과 잃어버린 시대에 대한 아픔으로 가득 차 있었어요. 〈피아노 협주곡 3번〉은 라흐마니노프가 미국에 정착하고 처음 초연한 대작입니다. 이 곡은 피아니스트들 사이에서 '악마의 협주곡'이라고 불릴 만큼 어려운 테크닉으로 유명하죠.

라흐마니노프는 이 곡에 외롭고 길을 잃은 이방인 같은 느낌을 담아 냈습니다. 동양과 서양, 과거와 미래, 러시아 소년의 기억부터 미국 대도시의 불빛까지를 하나의 곡에 모두 녹여내 연주했죠.

〈피아노 협주곡 3번〉은 피아니스트였던 라흐마니노프 자신에게 바쳐진 '내면의 고백'이자 고향 러시아를 지키지 못한 아쉬움과 외로움, 세상에 던져진 예술가의 열정과 고독을 모두 담고 있습니다. 그는 "이 곡은 내게 너무 크고 무거운 것들이 닿을 듯 말 듯 계속해서 다가왔다 떠나는 악몽 같았다"고 회고하기도 했어요.

〈피아노 협주곡 2번〉이 인간적 고백과 재기의 상징이라면, 〈피아노 협주곡 3번〉은 극한의 도전이자 거장의 고독을 음악으로 옮긴 걸작으로, 피아니스트라면 누구나 한 번쯤 정복하고 싶은 에베레스트산 같은 작품입니다. 블라디미르 호로비츠는 "이 곡을 제대로 연주할 수 있는 사람이 세상에 몇 명 없을 것"이라는 말을 남기기도 했죠.

라흐마니노프의 음악은 듣는 순간 '피아노가 노래하는 것 같다'라는 감탄을 자아냅니다. 감정을 절제하지 않는 정직함, 불안과 희망, 슬픔과 환희까지 모두 드러나죠.

실제로 손이 몹시 컸던 그에게 '거대한 손'이라는 별명이 있었던 것처럼, 그의 음악과 연주는 라흐마니노프의 테크닉과도 연결되어 있습니다. 한 손으로 열한 개 건반을 연주할 수 있었던 그는 피아노를 두드릴 때마다 악기가 흔들릴 정도로 강력하면서도 섬세하게 표현했죠.

그래서인지 피아노뿐 아니라 오케스트라 곡과 성악곡, 합창곡, 종교음악까지 다양한 장르를 넘나든 라흐마니노프의 작품에

러시아 노브고로드에 있는 라흐마니노프 기념비

는 늘 내면을 꿰뚫는 감성이 자리 잡고 있습니다.

라흐마니노프의 음악을 처음 감상한다면 '이 곡은 왜 이렇게 슬프지?', '왜 멜로디가 자꾸 반복되는데도 새롭지?' 등 떠오르는 의문만 품어도 충분하답니다.

그의 음악에 입문하고 싶다면 〈피아노 협주곡 2번〉이나 〈보칼리제〉, 〈프렐류드 C#단조〉를 들어보기를 추천합니다. 예상보다 훨씬 선명하고 뜨거운 감정의 흐름과 '이런 곡이 내 삶에도 들어올 수 있구나' 하는 친근감까지 느낄 수 있을 거예요.

추천 플레이리스트 ────────────●────────────────────────

- 절망을 딛고 일어나 인내의 시간을 거쳐 완성한 〈**피아노 협주곡 2번**〉
- 극한에 대한 도전이자 거장의 고독을 음악으로 옮긴 걸작 〈**피아노 협주곡 3번**〉
- 특유의 애절하고 서정적인 선율로 사랑받는 〈**보칼리제 Op.34**〉
- 라흐마니노프라는 작곡가를 세계적인 스타로 만든 초기 걸작 〈**프렐류드 2번 C#단조 Op.3**〉

경계를 뛰어넘은 소박한 시골 사람
드 보 르 자 크

도축업자의 아들은
어떻게 뉴욕을 점령했을까?

민중의 음악은
잡초 사이에서
피어나는 사랑스러운
꽃과 같지.

드보르자크는 사람을 위한 음악, 사람 속에 있는 민족의 영혼을 믿었습니다.
그는 땅에 사는 사람들의 감정에서 길어 올린 음악이야말로 가장 깊은 진실을
품는다고 생각했고, 자신을 그저 '시골 출신 평범한 음악가'로 여겼습니다.
그러던 그가 어떻게 민족주의를 대표하는 음악가가 됐을까요?

　어느 겨울밤, 차창 너머로 쏟아지는 불빛을 배경으로 라디오에서 잔잔한 현악 선율이 흘러나옵니다. 느린 템포, 잉글리시 호른의 애잔한 떨림. 우리에게 익숙한 드보르자크의 〈교향곡 9번 '신세계로부터'〉 2악장입니다. 흥미롭게도 많은 한국인은 이 선율에서 '아리랑'과 같은 한恨과 그리움을 느낍니다. 서로 다른 땅, 다른 민족, 다른 시대에 태어난 노래들이 이토록 닮은 이유는 무엇일까요?

　그것은 드보르자크가 이 곡을 쓸 때 특정 민족의 전유물이 아닌 인간이라면 누구나 품고 있는 '근원적 향수'를 떠올렸기 때문일 것입니다. 그는 미국 흑인 영가와 보헤미아의 민속 선율에서 인종과 국경을 초월한 '사람의 마음'을 읽어냈습니다. 드보르자크의 음악은 그렇게 민족이라는 울타리를 넘어 온 인류가 함께 머물 수 있는 따뜻한 고향이 되었습니다.

바람 소리, 빗소리에서 선율을 찾다

드보르자크는 1841년 9월 8일, 오스트리아 제국 보헤미아 지방의 작은 마을 넬라호제베스에서 태어났습니다. 강변을 따라 구불구불 이어진 마을에는 오래된 교회와 정육점을 겸한 여관이 하나 있었고, 드보르자크는 그곳의 첫째 아들이었습니다. 나무 향과 가죽 냄새가 늘 코끝을 맴돌았고, 마을 축제의 북소리와 교회의 종소리가 들려왔습니다.

도축업자였던 아버지는 아들이 가업을 잇길 바랐지만, 유난히 예민한 청각을 가진 드보르자크는 바람 소리와 빗소리 속에서도 선율을 찾아냈습니다. 그에게 음악은 학습된 기술이 아니라 세상을 인식하는 본능적인 언어였죠.

넬라호제베스의 드보르자크 생가

16세 무렵, 그의 재능을 알아본 스승의 설득으로 드보르자크는 프라하로 향합니다. 하지만 화려한 무대 주인공이 되기에 그의 삶은 너무나 소박하고 고단했습니다.

프라하 음악원에 입학한 그는 낮에는 오르간 수업을 듣고, 밤에는 무대 구석에서 비올라를 연주하며 생계를 유지했습니다. 특히 이 무렵 그는 프라하 임시 극장 오케스트라의 단원이 되어, 체코 음악의 아버지 베드르지흐 스메타나의 지휘봉 아래서 연주하는 귀한 경험을 쌓았습니다. 이 시간 동안 그는 슬라브 민족의 리듬과 신앙의 무게, 자연의 숨결을 차곡차곡 마음에 저장했죠. 그는 누구보다 느리게 시작했지만, 누구보다 탄탄한 발걸음으로 자신만의 음악적 토양을 다지고 있었습니다.

민족을 위한 음악, 사람을 위한 음악

무명의 연주자이자 가난한 작곡가였던 드보르자크에게 기적이 찾아온 것은 1874년이었습니다. 오스트리아 정부의 장학금 심사위원이었던 당대 거장 요하네스 브람스가 그의 악보를 발견한 것이죠. 브람스는 드보르자크의 악보에서 뿜어져 나오는 신선한 생명력에 전율했습니다. 브람스는 곧장 자신의 출판사인 '짐로크'에 드보르자크를 소개했고, 이 만남은 그의 인생을 영원히 바꾸어 놓았습니다.

출판사의 의뢰로 작곡한 〈슬라브 무곡〉은 발표되자마자 유럽 전역에 폭풍을 일으켰습니다. 하지만 그는 화려한 성공의 한가운데서도 들뜨지 않았습니다. 명성이 높아질수록 그는 오히려 아내의 손을 잡고 익숙한 교회로 향하거나 정원을 가꾸며 자신을 안으로 조율했습니다. 그에게 음악은 출세의 도구가 아니라, 평범한 이들의 일상에서 길어 올린 감정의 언어였기 때문입니다.

당시 유럽 음악계에는 각 민족의 정체성을 찾는 '민족주의' 열풍이 거셌습니다. 하지만 드보르자크는 슬라브 정신을 정치적으로 앞세우지 않았어요. 그 대신 보헤미아의 춤곡에서 느껴지는 생동감, 종교음악에 흐르는 겸손함, 민초들의 정겨운 억양을 음악에 녹여냈습니다. 그는 자신을 민족의 대표라고 여기기보다, '땅의 소리The product of the soil'를 성실하게 쓰는 기록자로 남길 원했습니다. 그의 음악이 독일의 엄격한 형식미를 갖추면서도 체코의 서정성을 잃지 않았던 비결은 바로 이 겸손한 진실함에 있었던 것이죠.

'신세계'에서 들은 고향의 노래

1892년, 드보르자크는 인생의 가장 큰 모험을 시작합니다. 미국 뉴욕에 새로 설립된 미국 국립 음악원의 초대 원장으로 초청을 받아 대서양을 건넌 것이 그것입니다. 거대한 빌딩과 분주한 전차가 뒤섞인 뉴욕은 보헤미아의 시골뜨기였던 그에게 낯선 '신세계'였습니다. 하지만 그는 이 이국적인 땅에서 친숙한 정서 하나를 만납니다. 바로 흑인 영가였습니다.

어느 날 음악원 복도를 청소하던 흑인 학생 해리 벌리가 흥얼거리는 노래를 듣고 드보르자크는 걸음을 멈췄습니다. 낮고 어두운 음색, 반복되는 단순한 선율 안에 서린 깊은 슬픔. 그는 그 안에서 보헤미아의 농부들이 부르던 노래와 똑같은 '한'을 발견했습니다. 멜로디는 달랐지만, 고통받는 인간이 삶을 견디기 위해 내뱉는 신음과 그리움은 일치했습니다. 드보르자크는 "미국의 미래 음악은 바로 이 노래들에서 시작돼야 한다"라고 단언하며 그들의 감정을 자신의 교향곡에 담아냈습니다.

1893년 여름, 고향에 대한 지독한 향수에 시달리던 그는 체코

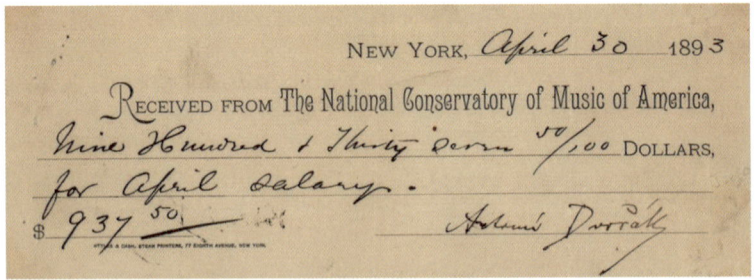

드보르자크의 서명이 적힌 미국 국립 음악원의 급여 영수증

이민자들이 모여 사는 아이오와주의 작은 마을 스필빌로 향합니다. 체코어 미사가 열리고 이웃들이 보헤미아의 인사를 건네는 그곳에서, 그는 비로소 마음의 안식을 찾고 〈교향곡 9번 '신세계로부터'〉를 완성합니다.

영화나 각종 미디어에서 긴장감을 주는 음악으로 사용되며 유명해진 4악장의 힘차고 강렬한 도입부는 낯선 대륙에서의 긴장과 두근거림을 닮았습니다. 반면 앞선 2악장은 느리고 잔잔하지만 드보르자크의 정수가 담겨 있죠. 따뜻한 소리의 잉글리시 호른으로 연주되는 선율에 흑인 영가와 체코 민요의 흐름이 섞여 있습니다.

그는 뉴욕 필하모닉과 함께 〈교향곡 9번 '신세계로부터'〉를 초연했고, 청중은 뜨거운 박수로 화답했습니다. 그러나 드보르자크는 늘 겸손했습니다. 자신을 시골 출신 평범한 음악가로 여기며, 어디에 있든 체코의 정체성과 감성을 잊지 않으려 했습니다.

다시 자연으로 돌아간 거장

1895년, 드보르자크는 화려한 미국을 뒤로하고 다시 체코로 돌아옵니다. 그는 '빌라 루살카'라 불리는 별장에 머물며 정원을 가꾸고, 비둘기를 키우며 생의 마지막을 보냈습니다.

말년의 드보르자크는 새의 이름을 외우고 토끼의 움직임을 관찰하며 더 깊은 자연의 리듬을 음악에 담았습니다. 오페라 〈루살카〉와 같은 후기 작품들에서는 숲의 숨소리와 호수의 물결이 선율이 되어 흐릅니다. 그는 이제 기교나 형식을 뽐내기보다 삶의 여운을 조용히 갈무리하는 침묵의 언어를 익혔습니다.

화려한 이론가도, 혁명적인 선동가도 아니었던 그는 그저 사람의 감정을 투명하게 들여다볼 줄 아는 따뜻한 예술가였습니다.

드보르자크의 작품에는 고전주의의 전통이 강하게 스며 있습니다. 그는 소나타 형식, 대위적 기법, 주제의 변주와 회귀 등을

드보르자크가 생의 마지막을 보낸 별장 '빌라 루살카'

익혔고, 충실히 따랐습니다. 그러나 그 안에 담긴 재료는 달랐습니다. 구조는 독일의 것이지만, 내용은 체코의 것이었죠. 이것이 드보르자크 음악의 정체성이자, 가장 강력한 아름다움의 근원이었습니다.

이런 민속성과 형식미의 융합은 그의 피아노 소품에서도 잘 드러납니다. 〈유모레스크〉가 그 대표적인 예입니다. 미국에서 잠시 본국에 휴가를 갔던 1894년에 쓴 이 소품집은, 체코 정서와 도시적 세련미가 절묘하게 어우러진 작품입니다.

특히 〈유모레스크 7번〉은 단순하면서도 기억에 오래 남는 선율로 널리 사랑받았고, 오늘날까지도 드보르자크를 대표하는 멜로디로 자리 잡았습니다. 민속 선율을 직접 인용하지 않으면서도, 그 흐름과 감정의 결을 그대로 간직하고 있죠. 유쾌한 듯 들리지만, 이주민의 삶과 그리움을 간결한 형식에 정제해 담았습니다.

드보르자크가 남긴 가장 큰 유산

드보르자크는 1904년, 프라하에서 조용히 세상을 떠났습니다. 그의 조국 체코는 국장으로 그를 배웅하며 고결한 영혼의 안식을 빌어주었죠.

체코 국장으로 치러진 드보르자크의 장례식

드보르자크는 체코 음악을 세계 음악의 반열에 올려놓은 위대한 거장이었습니다. 스메타나가 민족 음악의 뿌리를 내렸다면, 드보르자크는 그 뿌리에서 자라난 열매를 온 세상이 나누어 먹을 수 있도록 보편의 언어를 부여했습니다.

그의 뒤를 이은 체코 작곡가 야나체크와 마르티누는 드보르자크의 음악적 유산을 자연스럽게 이어받았습니다. 이들은 각자의 방식으로 민속의 정서를 현대음악 속에 통합하려 했고, 드보르자크가 열어놓은 길 위에서 자신만의 소리를 찾아갔습니다.

또 재능보다 진실한 감정을 강조했던 그의 철학은 이후 코플런드를 비롯한 미국 현대음악의 탄생에도 깊은 자양분이 되었습니다.

드보르자크의 음악은 설명이 필요 없습니다. 그의 선율은 시대를 넘고 언어를 건너 우리의 가슴에 곧장 와닿습니다. 그것은 그가 음악 안에 복잡한 이론이 아닌, 누구나 공감할 수 있는 '그리움'과 '희망'을 정직하게 담았기 때문입니다.

그는 떠났지만, 그가 악보에 새긴 땅의 노래는 영원히 마르지 않는 샘물이 되어 우리를 적시고 있습니다.

추천 플레이리스트

- 민초들의 거친 숨결과 대지의 에너지를 예술로 승화시킨 도약 〈**슬라브 무곡 Op.46-8**〉
- 인종과 국경을 넘어 고향이라는 이름으로 하나 되는 위로의 선율 〈**교향곡 9번 '신세계로부터'**〉 **2악장**
- 대서양을 건너 고국으로 보내는 편지 〈**첼로 협주곡 B단조**〉 **1악장**
- 도시적 세련미와 시골의 정겨움이 절묘하게 교차하는 따뜻한 피아노 소품 〈**유모레스크 7번**〉

욕망의 끝에 선 천상의 음악가
바그너

반역자, 도망자, 빚쟁이···
인생 역전하다?

위대한 예술을
위해서라면 무엇이든
빼앗고 말겠어.

오페라를 '총체 예술'의 경지로 끌어올리고, 음악의 역사를 새로 쓴 위대한 거장.
동시에 나라의 반역자이자 평생 거액의 빚을 진 채 도망 다녔던 도망자.
또 친구를 배신하고 그의 아내를 빼앗은 배신자,
리하르트 바그너. 그는 도대체 어떤 사람이었을까요?

청아한 피아노 소리가 높은 천장을 메우고, 하객들의 축하 속에 새로운 시작을 향한 신부의 발걸음이 내디뎌집니다. 세상에서 가장 순결하고 축복이 가득한 순간, 우리의 귓가에 너무나도 익숙한 선율이 울려 퍼집니다. 바로 리하르트 바그너의 오페라 〈로엔그린〉 3막에 등장하는 '결혼 행진곡'입니다.

　극 중에서 시녀들이 주인공인 엘자와 로엔그린의 결혼을 축복하기 위해 두 사람을 신방으로 이끌며 부르는 이 합창은, 많은 사람에게 언약과 새로운 삶의 출발을 축복하는 영원한 상징이 됐습니다.

　그런데 '결혼 행진곡'의 뒷이야기가 비극이라는 사실을 알고 있나요? 이 숭고한 합창이 끝나고 무대 위에 두 주인공만이 남게 됐을 때, 남편 로엔그린으로부터 '나의 이름과 출신을 절대로 물어보지 말라'는 조건으로 결혼한 엘자는 결국 의심과 불안을 이기지 못한 채 금단의 질문을 던집니다. 약속이 깨진 순간, 남편

로엔그린은 자신이 성배를 지키는 백조의 기사임을 밝히고 그녀의 곁을 영원히 떠나버리죠.

축복받아야 할 '결혼'이라는 의식을 대표하는 음악이, 곧 닥쳐올 파국의 그림자를 품고 있는 '결혼 행진곡'이라는 아이러니. 이 아이러니야말로 바그너의 인생을 관통하는 주제일지도 모릅니다. 바그너의 음악이 천상의 세계와 영웅들의 놀라운 신화를 노래하는 동안, 정작 그의 현실은 욕망과 배신으로 가득 차 있었으니까요.

오페라를 '총체 예술'의 경지로 끌어올리고, 음악의 역사를 새로 쓴 위대한 거장. 동시에 한 나라의 반역자이자 평생 거액의 빚을 진 채 도망 다녔던 도망자. 또 가장 헌신적이었던 친구를 배신하고 그의 아내를 빼앗은 배신자였던 남자, 리하르트 바그너. 그는 도대체 어떤 사람이었을까요?

화려한 성공을 뒤로하고 떠난 기나긴 망명 생활

1840년대 독일의 드레스덴. 젊은 바그너는 이미 작센 궁정의 카펠마이스터(음악 감독)라는, 누구나 부러워할 만한 지위에 올라 있었습니다. 오페라 〈리엔치〉의 대성공으로 그는 사교계의 스타로 떠올랐고, 그의 앞날에는 탄탄대로가 펼쳐진 듯 보였습니다.

하지만 그는 사실 모든 것에 염증을 느끼고 있었습니다. 바그너의 눈에 당대 오페라는 그저 부르주아들의 허영심을 만족시키기 위한 값비싼 오락거리에 불과했습니다. 거기에는 철학도, 예술도 없었죠. 그는 음악, 극, 시, 무대미술이 하나의 유기체처럼 통합된 새로운 예술, 즉 총체 예술을 꿈꿨습니다. 그리고 그것은 단순한 오락이 아닌, 고대 그리스의 비극처럼 공동체의 영혼을 고양시키는 준엄하고 성스러운 의식이 돼야만 한다고 생각했죠.

그러던 1849년, 드레스덴에서 공화정을 요구하는 시민 봉기가 일어나자 바그너는 주저 없이 혁명의 중심으로 뛰어들었습니다. 새로운 예술에 대한 바그너의 갈망이 현실 세계의 낡은 질서를 파괴하려는 정치 혁명에 대한 열망으로 이어진 것이었습니다.

그는 러시아의 무정부주의자 미하일 바쿠닌과 같은 급진적 혁명가들과 어울리면서 거리에 전단을 뿌리고, 군대를 감시하며, 심지어 수류탄 제조를 돕는 등 적극적으로 봉기에 가담했습니다. 낡은 극장을 무너뜨리고 싶었던 그의 욕망이 낡은 왕정을 무너뜨리는 것으로 확장된 것이었죠.

하지만 혁명은 단 며칠 만에 실패로 돌아갔습니다. 드레스덴의 거리는 환호 대신 침묵과 화약 냄새로 가득 찼고, 주동자였던 바그너에게는 체포 영장이 발부됐습니다. 불과 며칠 전까지 모두의 부러움을 받던 그가 이제 국가를 위협하는 범죄자가 돼버린 것이었습니다.

1849년 '혁명가담' 혐의로 바그너에게 발부된 수배 전단

아내 미나의 도움으로 드레스덴을 빠져나와, 친구이자 동지였던 프란츠 리스트가 있던 바이마르에 도착한 그는 리스트의 도움으로 가짜 직업과 이름이 적힌 위조 여권을 손에 쥐었습니다. 그는 그 길로 스위스로 향했습니다.

국경을 넘는 그의 마음은 굴욕과 절망으로 가득 차 있었죠. 나이 서른여섯, 화려했던 성공을 뒤로한 채 12년에 걸친 기나긴 망명 생활이 그렇게 시작됐습니다.

바그너는 스위스 취리히의 작은 집에서 칼 대신 펜을 들고,

예술로 세상을 바꾸려는 더 큰 혁명을 준비하기 시작했습니다. 그는 오랜 망명 기간 동안 《미래의 예술 작품》, 《오페라와 드라마》와 같은 자신의 예술 이론을 집대성한 저술을 썼고, 마침내 인류 역사상 가장 거대한 무대 작품인 〈니벨룽겐의 반지〉 4부작의 대본과 작곡에 착수했습니다.

고독과 빈곤 속에서 그의 상상력은 오히려 더 거대하고 장엄한 신화의 세계를 창조해내고 있었습니다. 자신을 무대에 올려줄 극장도, 연주해 줄 오케스트라도 없는 도망자가 무려 15시간에 달하는 오페라를 쓰기 시작한 것입니다.

빚쟁이, 도망자에서 왕의 총애자로

스위스에서의 망명 생활이 10년을 훌쩍 넘어가던 1860년대 초, 바그너의 삶은 그야말로 벼랑 끝에 내몰려 있었습니다. 그의 서재에는 〈트리스탄과 이졸데〉, 〈니벨룽겐의 반지〉와 같은 음악사를 뒤바꿀 위대한 악보들이 산더미처럼 쌓여갔지만, 그것들이 연주되는 일은 없었죠.

그는 빚쟁이들을 피해 여러 도시를 전전하는 신세였고, 쉰 살을 넘긴 나이에 건강은 나날이 악화됐습니다. 자신의 위대한 작품들이 악보 속에서 영원히 잠들게 될지 모른다는 공포와 절망

속에서 모든 것을 포기하고 자살까지 생각할 정도였습니다.

그러던 1864년 5월, 슈투트가르트의 허름한 여관에 숨어 지내던 그의 앞에 왕가의 문장이 새겨진 화려한 마차 한 대가 멈춰 섰습니다. 마차에서 내린 남자는 자신을 바이에른 국왕의 비서라고 소개하며, 바그너에게 초상화와 반지 그리고 한 통의 편지를 정중히 건넸습니다. 이제 막 열여덟 살의 나이로 왕위에 오른 바이에른의 새로운 국왕, 루트비히 2세에게서 온 편지였습니다.

편지에는 왕의 것이라고는 믿기지 않을 만큼 열정적이고 순수한 존경의 언어가 가득했습니다. 어린 시절부터 바그너의 오페라에 광적으로 매료됐던 이 젊은 왕은, 왕위에 오르자마자 자신이 숭배해 온 예술가를 찾았던 것입니다. 그는 편지를 통해, 세상의 모든 비열함과 하찮은 근심으로부터 바그너를 자유롭게 해주고, 그가 오직 예술에만 전념할 수 있도록 모든 것을 바치겠다고 맹세했습니다.

그들의 첫 만남은 뮌헨의 왕궁에서 이루어졌습니다. 세상의 모든 풍파를 겪고 지쳐버린 쉰한 살의 거장과 현실 세계보다는 신화와 예술 속에서 살기를 꿈꿨던 열여덟 살의 몽상가 국왕. 두 사람은 만나자마자 서로가 운명임을 직감했습니다.

루트비히 2세는 즉시 바그너의 모든 빚을 국고로 갚아주었고, 호수가 보이는 아름다운 저택과 막대한 연금을 하사했습니다. 그리고 그의 오페라들을 무대에 올리기 위해 왕국의 모든 자

바이에른 왕국의 국왕, 루트비히 2세의 초상

원을 총동원하라는 명령을 내렸습니다. 한때 나라에서 쫓겨났던 범죄자는, 이제 한 나라의 왕을 등에 업고 그 어떤 예술가도 누려보지 못했던 절대적인 권력을 손에 쥐게 된 것입니다.

루트비히 2세라는 든든한 방패를 얻게 된 바그너의 주변에는 이제 그를 숭배하는 예술가들이 구름처럼 몰려들기 시작했습니다. 그중에서도 바그너를 향한 가장 맹목적이고 헌신적인 믿음을 보여준 이가 바로 한스 폰 뷜로였습니다.

뷜로는 당대 최고의 지휘자 중 한 명으로, 바그너가 망명할 때

도움을 주었던 프란츠 리스트의 딸 코지마와 결혼한 상태였습니다. 코지마는 남편 뷜로 못지않은 깊이로 바그너의 음악 세계를 이해했으며, 그의 거대한 야망과 예술적 이상에 깊이 공감했죠.

한편 왕의 무한한 총애는 그의 예술적 야망뿐만 아니라, 잠들어 있던 정치적 야욕에도 불을 붙였습니다. 그는 왕의 가장 가까운 조언자 자리를 꿰차고, 마치 자신이 섭정이라도 되는 양 바이에른 왕국의 정치에 사사건건 개입하기 시작했습니다.

그는 급진적인 예술 개혁안을 국가 정책으로 밀어붙이려 했고, 심지어 내각의 장관들을 자신의 입맛에 맞는 인물들로 교체하라고 왕에게 압력을 넣었습니다. 바이에른의 보수적인 정치인들과 시민들의 눈에 바그너는 '왕을 현혹하여 국고를 탕진하고 국정을 농단하는 프로이센 출신의 위험한 이방인'으로 비춰졌습니다. 뮌헨의 신문들은 연일 그의 오만함과 사치스러운 생활을 비판하는 기사를 쏟아냈고, 그에 대한 적개심은 도시 전체에 빠르게 번져나갔습니다.

이러한 정치적 논란과 더불어 그의 사생활은 더 큰불을 지폈습니다. 뷜로가 지휘봉을 잡고 스승의 위대한 오페라 〈트리스탄과 이졸데〉, 〈뉘른베르크의 명가수〉의 초연을 위해 고군분투하는 동안, 바그너가 그의 아내 코지마와 깊은 사랑에 빠져버린 것입니다.

이들의 비밀스러운 관계는 코지마가 바그너의 아이를 낳으면서 세상에 알려졌습니다. 두 사람은 심지어 딸의 이름을 〈트리스탄과 이졸데〉의 여주인공인 '이졸데'라고 짓는 대담함까지 보였습니다. 이 추문은 뮌헨 사회를 발칵 뒤집어 놓았고, 왕의 총애를 받던 바그너에 대한 비난 여론이 들끓기 시작했죠.

뷜로는 이 모든 상황에서도 한동안 스승에 대한 믿음을 거두지 못하고 아내의 부정을 애써 외면했지만, 코지마가 바그너의 두 번째 아이를 낳자 마지막 믿음을 거둡니다. 상처 입은 제자는 평생 스승을 용서하지 않았죠.

결국 코지마는 뷜로와 이혼하고 바그너와 재혼했습니다. 그러나 바그너는 자신의 위대한 예술을 위해서라면 세상의 모든 도덕률은 물론, 친구의 믿음마저 짓밟아도 좋다고 생각했습니다. 그는 자신의 예술과 삶을 완벽하게 이해하고 보좌해 줄 동반자가 필요했고, 그것이 설령 헌신적인 제자의 아내일지라도 망설이지 않았습니다.

'바이로이트', 자신만의 신전을 세우다

왕의 전폭적인 지지와 코지마라는 유능한 동반자를 모두 얻은 바그너는 누구도 상상하지 못했던 마지막 꿈을 향해 나아갔습니다. 그것은 단순히 새로운 오페라를 쓰는 것을 넘어 자신의 예술을 그가 원하는 방식 그대로 상연할 수 있는, 세상에 없던 새로운 극장을 직접 짓는 것이었습니다. 그는 관객이 오직 무대에만 몰입하고, 음악과 극이 완벽하게 하나가 되는 자신만의 신전을 원했습니다.

이 무모한 계획을 위해 그가 선택한 곳은 독일의 작고 평범한 도시, 바이로이트였습니다. 그는 대도시의 상업적 분위기와 비평가들의 입방아에서 벗어나, 오직 자신의 예술을 순례하기 위해 찾아오는 사람들을 위한 공간을 만들고 싶어 했습니다.

물론 이 거대한 계획은 엄청난 자금을 필요로 했습니다. 바그너는 '바그너 협회'를 만들어 유럽 전역에서 후원금을 모으고, 늙은 몸을 이끌며 직접 지휘봉을 잡고 연주 여행을 다니며 건설 비용을 마련하기 위해 필사적으로 노력했습니다.

하지만 공사 비용은 눈덩이처럼 불어났고, 계획은 좌초될 위기에 처했습니다. 바로 그때, 또다시 그의 구원자 루트비히 2세가 나섰습니다. 왕은 비난 여론에도 불구하고 막대한 국고를 추가로 지원하며, 자신의 우상이 꿈꾸던 신전의 초석을 마침내 완성해 주었습니다.

그렇게 세워진 바이로이트 축제 극장은 바그너의 혁명적인 사상이 그대로 담긴 공간이었습니다. 그는 세계 최초로 오케스트라를 무대 아래의 보이지 않는 공간, 이른바 '신비로운 심연'으로 숨겨버렸습니다.

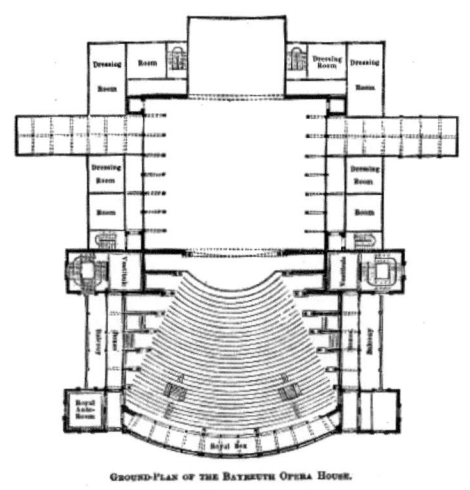

바이로이트 극장의 평면도

소리는 마치 땅속에서부터 울려 퍼지는 듯 신비롭게 극장을 감쌌고, 관객들은 지휘자나 연주자의 모습에 방해받지 않고 온전히 무대 위의 환상에만 집중할 수 있었습니다. 또 모든 객석이 무대를 향하는 부채꼴 구조를 만들어, 신분에 따른 차등 없이 모든 관객이 동등한 조건에서 예술을 체험하게 했습니다. 공연 중에 객석의 불을 끄는 것 역시, 그가 처음 시도한 연출이었습니다.

1876년 여름, 마침내 이 새로운 신전의 문이 열렸습니다. 망명 시절부터 26년에 걸쳐 완성한 4부작 오페라 〈니벨룽겐의 반지〉 전곡이 4일에 걸쳐 역사상 처음으로 무대에 오르는, 제1회 바이로이트 축제가 시작된 것입니다.

이 역사적인 순간을 목격하기 위해 독일의 황제 빌헬름 1세부터 차이콥스키, 리스트, 생상스, 그리그에 이르기까지 전 유럽의 군주와 귀족, 위대한 예술가들이 구름처럼 몰려들었습니다. 한때 범죄자이자 도망자였던 남자가, 이제는 세상의 모든 권력과 명예를 자신의 발아래 불러 모은 것입니다.

영광의 빛과 지워지지 않는 그림자

리하르트 바그너가 만들어낸 총체 예술의 이상과, 인물의 성격이나 특정 상징을 짧은 선율로 나타내는 '유도동기' 기법 그리고 〈트리스탄과 이졸데〉에서 보여준 극한의 반음계 화성은 이후의 모든 음악가에게 피할 수 없는 영향을 미쳤습니다.

드뷔시, 말러, 리하르트 슈트라우스와 같은 거장들이 그의 어깨 위에서 새로운 세계를 보았고, 오늘날 우리가 듣는 대부분의 영화 음악, 특히 〈스타워즈〉나 〈반지의 제왕〉과 같은 서사적인 작품의 음악 문법은 대부분 바그너에게 빚지고 있지요. 그는 단순히 오페라를 개혁한 것이 아니라, 소리를 통해 이야기를 전달하는 방식 자체를 바꾸어 놓았습니다.

하지만 바그너의 빛나는 업적만큼이나 그의 이름 뒤에 드리운 그림자는 짙고 어둡습니다. 그는 멘델스존과 같은 유대인 작곡가들을 인종적으로 비난하며, 그들의 예술적 창조성을 부정했습니다. 그의 이러한 사상은 훗날 아돌프 히틀러에게 직접적인 영감을 주었고, 바그너의 음악은 나치 정권의 이데올로기를 선전하는 도구로 적극적으로 사용됐습니다. 그의 오페라 속 인물들 역시 이러한 인종주의적 편견에서 자유롭지 않다는 비판을 받습니다.

음악계의 가장 거대한 인물 중에 하나라고 할 수 있는 사람이 한 나라의 국정을 농단하다 쫓겨났고, 심지어 훗날 인종차별적 발언을 서슴지 않으며 나치의 상징으로까지 여겨지는 아이러니. 바그너의 음악이 천상의 세계와 영웅들의 놀라운 신화를 노래하는 동안, 정작 바그너의 인생은 세속적 욕망과 배신으로 가득 차 있었습니다.

리하르트 바그너, 도대체 그는 정말로 어떤 사람이었을까요?

추천 플레이리스트 ━━━━━━━━●

- 영화 〈지옥의 묵시록〉의 헬리콥터 장면에 쓰여 강렬한 인상을 남긴 오페라 〈**발퀴레**〉 중 '**발퀴레의 기행**'
- 전 세계 모든 결혼식장에서 신부 입장곡으로 쓰이는 바로 그 곡, 오페라 〈**로엔그린**〉 중 '**결혼 행진곡**'
- 숭고한 순례자의 합창과 관능적인 선율이 교차하는 오페라 〈**탄호이저**〉 '**서곡**'
- 바그너의 곡 중 드물게 밝고 긍정적인 에너지가 가득한 C장조의 명곡, 오페라 〈**뉘른베르크의 명가수**〉의 1막 전주곡

근현대 시대

Part 6. Playlist

Intro

새로운 재료로 다시 시작된
음악적 실험

19세기 후반 유럽은 과학 기술의 발전과 함께 자신감으로 가득했습니다. 증기 기관차는 대륙의 경계를 허물었고, 과학은 세상의 모든 비밀을 밝혀낼 것처럼 보였습니다. 이러한 시대정신은 음악에도 반영돼, 더 이상 아름다운 형식 안에만 머무르기를 거부했죠. 음악 역시, 시대의 아이돌 프란츠 리스트를 앞세워 새로운 변화를 나타내기 시작했습니다.

리스트는 '교향시'라는 새로운 장르를 통해 악기만으로 시나 그림, 심지어 철학적 사상까지 그려내기 위해 야심 찬 시도를 했어요. 음악이 소리로 즐기는 오락거리에 그치는 것이 아닌, 구체적 의미를 전달하는 언어가 될 수 있음을 증명한 것이었죠.

리스트가 시작한 음악적 혁신은 리하르트 슈트라우스에 의해 한 단계 더 나아갔어요. 슈트라우스는 오케스트라라는 도구를 사용해 인간의 심오하고 추상적인 정신세계를 표현하고자 했습니다. 슈트라우스는 니체의 철학을 담은 교향시 〈차라투스트라는 이렇게 말했다〉를 작곡하며, 복잡한 사상과 감정을 표현하기 위해 의도적으로 전통적인 화성 체계를 벗어나거나 파괴하는 것을 주저하지 않았어요. 기존의 화성 체계로는 자신의 생각을 충분히 표현할 수 없었기 때문이었죠.

바로 이 지점에서, 음악은 그동안의 보편적인 감정을 노래하던 쉬운 예술에서 벗어나 음악가의 의도에 따라 철학 사상과 형이상학적 이야기를 담는 '어려운 예술'로 변화해 갔습니다. 이제 음악의 의미를 이해하기 위해 작가의 의도를 이해하고 공부해야 했죠.

한편 유럽의 변방에서는 전혀 다른 아우성이 터져 나오고 있었습니다. 오스트리아·헝가리 제국과 러시아의 지배 아래 있던 동유럽과 북유럽의 작곡가들이 독일 음악의 영향력에 맞서 민족 고유의 정체성을 음악으로 표현하려는 모습을 보이기 시작한 것이었죠.

특히 체코의 베드르지흐 스메타나는 교향시 〈나의 조국〉을 통해 블타바강의 흐름과 보헤미아의 전설을 그려내며 조국에 대한 사랑을 노래했고, 드보르자크는 슬라브 민족의 춤곡 리듬을 자신의 교향곡에 녹여냈습니다. '러시아의 5인조'라 불렸던 무소륵스키 같은 작곡가들은 서유럽의 세련된 화성법 대신 러시아 정교회의 종소리가 만들어내는 불규칙하고 거친 배음(하나의 소리를 냈을 때, 같이 딸려 나오는 큰 진동수를 가진 소리)과 러시아 민요의 투박한

가락을 그대로 음악에 담기도 했지요. 이들이 만들어낸 새로운 음악은 기존 주류 음악권 사람들에게는 낯설고 이질적이며, 심지어는 미개하게 느껴지기까지 했어요. 혼란스러웠던 이 시기는 서유럽을 중심으로 나타났던 전통적인 화성의 질서가 강력하게 무너지는 시점이기도 했습니다.

그리고 이 모든 소음의 한가운데, 19세기 말의 불안과 희망이 교차하던 파리에서는 또 다른 종류의 가장 조용하고도 근본적인 혁명이 일어나고 있었습니다.

클로드 드뷔시는 슈트라우스의 철학이나 러시아의 민족주의와는 다른 길을 걸었습니다. 그는 클로드 모네의 그림이 사물의 윤곽 대신 빛과 색채의 순간적인 '인상'을 포착했듯, 음악 역시 명확한 서사나 감정을 강요할 필요가 없다고 생각했어요. 그의 음악은 하나의 절대적 진실이나 견고한 현실 대신 순간마다 변하는 개인의 감각과 불확실한 내면의 풍경을 그려냈습니다. 이는 '나'라는 존재를 세계의 중심에 놓고 모든 것을 상대적으로 바라보기 시작한 20세기 현대인의 자화상에 대한 가장 섬세하고도 정확한 예언이었습니다.

이성과 아름다움이 파괴된 폐허의 자리에서

각기 다른 이유로 시작된 '전통의 파괴'는 곧 닥쳐올 20세기의 거대한 혼란을 예고하는 전주곡과 같았어요. 이 혼돈의 전조는 곧 현실이 됐습니다. 1913년, 스트라빈스키가 〈봄의 제전〉으로 비이성과 광기의 시대가 시작됐음을 선포했고, 불과 1년 뒤 인류가 쌓아올린 이성과 진보에 대한 믿음은 세계대전의 총소리에 산산조각이 나버렸어요.

손베르크 같은 작곡가들은 더 이상 아름다운 화음으로 시대를 노래하는 것이 불가능하다고 느꼈고, 시대의 공포를 정직하게 표현하기 위해 음악의 마지막 안전장치였던 '조성'을 스스로 해체하는 혁명을 일으켰죠. 아름다운 조화가 무너진 자리에 고통스러운 비명이 남은 것입니다.

전쟁이 끝나면 사라질 줄 알았던 혼란은 전쟁이 끝난 후에도 사그라지지 않았습니다. 이미 음악에 대한 시선은 이전과 달라졌고, 세상은 새로운 소리로 가득 찼습니다. 라디오에서 흘러나오는 전자 신호, 도시의 기계 소음 그리고 자기 테이프에 소리를 마음대로 기록하고 변형할 수 있는 새로운 기술의 등장은 작곡가들에게 '왜 음악이 악기로만 연주되어야 하는가?'라는 근본적인 질문을 던졌습니다.

프랑스의 피에르 셰페르와 같은 아방가르드 작곡가들은 기차 소리나 사람의 목소리 같은 현실의 '구체적인' 소리를 녹음하고, 테이프를 자르고 붙이거나 거꾸로 재생하는 등의 방식으로 다양한 소리를 조합해 만드는 '구체 음악Musique Concrète'을 실험했습니다. 이는 악보에 음표를 적는 대신, 세상의 모든 소리를 재료 삼아 직접

조각하는 혁신적 시도였습니다.

이에 맞서 독일 쾰른에서는 카를하인츠 슈토크하우젠을 중심으로 한 작곡가들이 또 다른 길을 개척했습니다. 그들은 현실의 소리가 너무 불순하고 예측 불가능하다고 생각해 전자 발진기Oscillator를 이용해 순수한 사인파(하나의 주파수만으로 이루어진, 가장 단순하고 순수한 형태의 소리 파형) 같은 '전자음'을 만들어내고, 이 소리의 기초 단위(원자)들을 과학적 계산에 따라 정교하게 조립해 음악을 구축하는 '전자 음악Elektronische Musik'을 탄생시켰습니다.

현실의 소음에서 음악을 발견하려던 프랑스와 순수 전자음으로 완벽한 질서를 세우려던 독일의 방식은 정반대처럼 보였습니다. 하지만 두 흐름 모두 전통 악기라는 낡은 유산을 버리고, 기술 시대의 새로운 재료로 음악을 처음부터 다시 쓰려 했다는 점에서 거대한 전환을 의미했습니다.

이처럼 기술을 통해 음악의 새로운 질서를 세우려는 실험이 한창이던 바로 그때, 그들과는 또 다른 경향성을 보여주는 작곡가가 나타났습니다. 바로 에리크 사티입니다.

그는 음악이 점점 더 복잡해지고 심각해지는 것을 경계했어요. 사티는 〈배 모양의 세 개의 곡〉처럼 일부러 의미 없는 제목을 붙이거나, 악보에 "치통에 걸린 나이팅게일처럼 연주하시오"와 같은 엉뚱한 지시를 적어 넣으며 '위대한 예술'에 대한 사람들의 고정관념을 조롱했습니다.

이처럼 19세기 말의 장엄한 교향곡에서 20세기 중반의 급진적인 실험에 이르기까지, 음악은 숨 가쁜 파괴와 해체의 과정을 거쳐 왔습니다. 또 그에 반항하며 오히려 아무 생각 없이 편하게 들을 수 있는 새로운 음악들도 나타났죠. 새로운 기술의 등장과 함께 철학적인 이야기들이 대두됐던 근현대 음악사의 무대에 서게 된 음악가들, 즉 드뷔시, 스트라빈스키 그리고 에리크 사티에 이르기까지, 이들은 새로운 시대의 음악에 대해 각자 어떤 해답을 내놓았을까요?

드뷔시

색채와 감각으로
음악을 표현한다고?

정해진 룰이 아닌
나에게 아름다운
음악을 만들겠어.

드뷔시는 음악을 머리가 아닌 피부로 느끼게 해준 최초의 작곡가입니다.
그는 소리에도 온도와 습도가 있으며, 색깔이 있다는 것을 우리에게 알려주었죠.
처음에는 무의미한 음악이라고 비난받았던 그가 결국 현대의 음악가들에게까지
지대한 영향을 미친 이유는 무엇이었을까요?

"해석하지 말고 그냥 느껴보세요. 음악은 분석하기 위한 것이 아니라 즐기기 위한 것입니다."

20세기 현대음악의 문을 열어젖힌 혁명가 클로드 드뷔시는 생전에 이렇게 말하곤 했습니다. 그는 딱딱한 형식과 엄격한 화성 법칙에 갇혀 있던 서양 음악에 '색채'와 '향기'를 불어넣은 마법사였죠.

오늘날 우리는 그의 음악을 모네나 르누아르의 그림들과 묶어 '인상주의'라 부르지만, 정작 드뷔시 자신은 그 용어를 몹시 싫어했습니다. 그는 자신의 음악이 단순히 모호한 인상을 스케치한 것이 아니라, 철저히 계산된 미학적 결과물이라고 믿었기 때문입니다.

하지만 결과적으로 그의 음악은 캔버스 위에서 빛의 변화를 포착하려 했던 인상주의 화가들의 붓 터치와 닮았습니다. 선명

'인상주의'라는 용어의 유래가 된 모네의 〈인상, 해돋이〉

한 윤곽선 대신 몽환적인 분위기를, 논리적인 전개 대신 감각적인 찰나를 노래한 그의 음악은 클래식 음악 역사상 가장 거대한 변곡점이 됐죠. 과연 이 고집 센 천재는 어떤 삶을 거쳐 우리에게 '달빛'의 서정을 선물하게 된 것일까요?

현대음악의 문을 열어젖힌 반항아의 행보

1862년 8월 22일, 드뷔시는 프랑스 파리 근교의 작은 도시 생제르맹앙레에서 태어났습니다. 그의 집안은 대대로 도자기 가게를 운영하거나 평범한 소시민의 삶을 살았을 뿐 예술적 배경은 전무했습니다.

그러나 어린 드뷔시에게는 소리를 색으로 치환해 듣는 특별한 감각이 있었습니다. 10세라는 어린 나이에 파리 음악원에 입학한 그는 곧 교수들 사이에서 '문제아'로 낙인찍힙니다.

"왜 이 화음 뒤에 반드시 저 화음이 와야 하나요? 제 귀에는 이 소리가 더 아름답게 들리는데요."

전통적인 대위법과 화성학 수업 시간마다 드뷔시는 이런 질문으로 교수들을 당황하게 했습니다. 당시 유럽 음악계는 베토벤과 바그너가 세워놓은 거대한 논리의 성벽 안에 갇혀 있었습니다. 하지만 드뷔시에게 유일한 법칙은 '자신의 귀에 들리는 즐거움'이었습니다.

반항아였음에도 그의 천재성은 숨길 수 없었습니다. 그는 1884년 프랑스 예술계 최고의 영예인 '로마 대상'을 거머쥐며, 이탈리아 유학길에 오릅니다. 그러나 로마의 보수적인 분위기는 그에게 감옥과도 같았습니다. 그는 전통적인 작곡 양식을 강요받는 환경을 견디지 못하고, 유학 기간을 다 채우지 않은 채 파리로 돌아와 버립니다. 드뷔시에게 중요한 것은 거장들의 발자국을 따르는 것이 아니라, 아직 누구도 가보지 않은 길을 찾는 것이었습니다.

드뷔시의 예술적 반항심은 그의 연애사에도 고스란히 드러납

드뷔시의 연인이었던 가브리엘 뒤퐁

니다. 그의 사랑은 언제나 폭풍 같았고, 사회적 규범을 비웃는 듯
한 파격의 연속이었습니다. 20대 후반, 그는 모델이었던 가브리
엘 뒤퐁과 동거를 시작했습니다. 가브리엘은 10년이 넘는 세월
동안 가난한 작곡가 드뷔시를 헌신적으로 보살피며 경제적, 정
신적 지주가 되어주었죠.

하지만 드뷔시의 예술적 야망은 변덕스러워서 한 사람에게 머
물지 못했습니다. 그는 가브리엘을 떠나 1899년 로잘리 텍시에와
갑작스러운 결혼을 발표합니다. 로잘리는 아름다웠지만, 드뷔시가
갈구하던 예술적 영감을 공유하기에는 평범한 여성이었습니다.

드뷔시는 점차 그녀의 단순함에 싫증이 났고, 로잘리가 아이
를 가질 수 없다는 사실도 결혼 생활을 끝내는 데 영향을 미쳤습

니다. 점점 둘 사이의 거리는 멀어졌고, 드뷔시는 결국 또 다른 사랑을 찾아 떠납니다.

드뷔시가 사랑에 빠진 새로운 상대는 부유한 은행가의 아내였던 에마 바르다크였습니다. 에마는 예술적 감각이 뛰어나고, 음악가들과도 친분이 있었어요. 이미 프랑스의 유명한 작곡가 가브리엘 포레와도 연인 관계였을 정도로 자유로운 연애관을 가진 사람이었죠.

이 사건은 파리 사교계에서 엄청난 스캔들이 됩니다. 절망한 로잘리가 자살을 시도했고, 평소 드뷔시와 가깝게 지내던 친구들조차 그의 비도덕적인 행동에 등을 돌렸기 때문이죠. 드뷔시는 사회적으로 고립됐지만 역설적으로 이 시기에 그의 음악은 에마라는 동반자를 만나 가장 안정적인 결실을 보기 시작합니다.

1905년 태어난 딸 '클로드 에마'는 그에게 세상 무엇보다 소중한 보석이었습니다. 그는 딸을 위해 그 유명한 피아노 모음곡 〈어린이 차지〉를 작곡하며, 냉소적인 천재에게 숨겨진 따뜻한 아버지의 면모를 보여주기도 했습니다.

기묘한 음계와 몽환적 소리에서 찾은 자유

19세기 후반, 유럽의 음악계는 독일이 주도하고 있었습니다.

베토벤 이후 바그너를 중심으로 한 거대한 교향곡과 장대한 오페라가 유행했죠. 바그너의 음악은 웅장한 오케스트레이션과 복잡한 화성 진행을 지향했지만, 프랑스 음악가들은 이를 부담스럽게 여겼습니다.

바그너의 영향을 받은 음악이 유럽 전역에 널리 퍼지자, 프랑스 작곡가들은 이에 대한 반발로 좀 더 감각적이고 직관적인 음악을 만들고자 했습니다. 드뷔시는 이러한 흐름의 중심에 있었습니다.

그는 상징주의 문학과 인상주의 미술에서 영향을 받아 감각적인 음악을 만들고자 했습니다. 상징주의 문학은 직접적인 설명을 피하고 암시와 분위기로 감정을 전달했으며, 인상주의 미술은 선명한 윤곽선 없이 색과 빛의 변화만으로 순간적인 인상을 그려냈죠. 드뷔시는 이런 예술적 경향을 음악으로 옮겨와, 선율보다는 화성과 색채감으로 감정을 표현하는 방법을 탐구했습니다.

드뷔시의 음악이 서양 음악의 전통에서 완전히 벗어나게 된 결정적인 계기는 1889년 파리 만국박람회였습니다. 그곳에서 그는 인도네시아 자바섬의 전통 음악인 '가믈란'을 듣고 큰 충격을 받게 됩니다.

일정한 박자도 없고, 서구식 화성법으로는 설명할 수 없는 기묘한 음계와 몽환적인 타악기 소리. 드뷔시는 그 안에서 자신이 찾던 '자유'를 발견합니다. 그는 이후 동양적인 '5음 음계 Pentatonic

한 옥타브가 6개의 온음만으로 구성되는 온음 음계

Scale’와 ‘온음 음계Whole-Tone Scale’를 자신의 음악에 적극적으로 끌어들였습니다.

온음 음계란, 일반적인 음계와 달리 반음 없이 온음 간격만으로 이루어진 음계입니다. 우리가 흔히 아는 음악이 중력처럼 중심 음으로 끌어당기는 힘이 있다면, 온음 음계는 마치 우주 공간을 유영하듯 중심 없이 부유하는 느낌을 줍니다.

이는 드뷔시 음악이 지닌 특유의 몽환적이고 흐릿한 분위기를 만드는 핵심 비결이 됩니다. 그는 바그너의 거대함에 대항하기 위해 프랑스적인 ‘우아함’과 ‘정제미’를 선택했습니다. 비명보다 나직이 속삭이는 한마디의 여운이 더 강렬할 수 있다는 것을 드뷔시는 증명하고 싶었습니다.

바다와 달빛 그리고 아라베스크

드뷔시를 인상주의의 선구자로 각인시킨 걸작은 1894년에 발표한 〈목신의 오후에의 전주곡〉입니다. 이 곡은 상징주의 시인

스테판 말라르메의 시에서 영감을 얻었지만, 시의 내용을 설명하기보다 시가 지닌 분위기를 포착하는 데 집중했죠. 나른한 플루트 독주는 마치 한여름 오후의 뜨거운 열기 속에서 졸고 있는 목신의 꿈처럼 몽환적입니다. 또 그의 대표적인 피아노곡 〈달빛〉은 밤하늘의 차가운 달빛이 수면에 부서지는 듯한 섬세한 터치를 보여줍니다.

그의 초기작인 〈아라베스크〉 역시 주목할 만합니다. 본래 이슬람 건축의 곡선 문양을 뜻하는 이 단어를 제목으로 삼아, 드뷔시는 음악이 어떤 목적지를 향해 직선으로 달려가는 것이 아니라 우아한 곡선을 그리며 유동적으로 흐를 수 있음을 보여줍니다.

그의 또 다른 대작 〈바다〉는 일본의 판화가 가쓰시카 호쿠사이의 우키요에 작품인 〈가나가와 해변의 높은 파도 아래〉에서 영감을 얻었습니다. 그는 바다의 구체적인 묘사보다 파도가 부서지는 순간의 역동성과 빛의 반사를 음악적 색채로 치환했습니다.

말년의 드뷔시는 암 투병과 제1차 세계대전이라는 암울한 현실 속에 놓였습니다. 그리고 1918년 3월, 파리가 전쟁의 포화에 휩싸인 순간 고요히 숨을 거두었습니다.

드뷔시는 음악을 머리가 아닌 피부로 느끼게 해준 최초의 작곡가입니다. 그의 음악은 '형식도 없고 무의미한 소리의 나열'인 음악이라고 비난받았지만 결국 스트라빈스키, 메시앙 그리고 현대의 미니멀리즘 음악가들에게까지 지대한 영향을 미쳤죠.

드뷔시에게 영감을 준 우키요에 〈가나가와 해변의 높은 파도 아래〉

오늘날 여전히 드뷔시의 〈달빛〉을 들으며 위로를 받는 이유는 그가 100년 전, 그 선율 안에 인간의 가장 순수한 감각을 정제해 담아두었기 때문일 것입니다.

추천 플레이리스트

- 건반을 공기 중에 부유하는 질감으로 바꾼 연금술 〈달빛〉
- 나른한 플루트 독주로 시작된 현대음악의 거대한 변곡점 〈**목신의 오후에의 전주곡**〉
- 음악이 그저 존재할 수 있음을 보여준 유동적인 미학 〈**아라베스크 1번**〉
- 소리의 물감으로 생생하게 그려낸 바다의 일렁임 〈**바다**〉 **3악장**

에리크 사티

"제발 내 음악 듣지 마세요!"

쉬고 싶을 때
듣기 좋은 휴식 같은
음악을 만들고 싶어.

에리크 사티는 평범한 일상과 자유로움을 소중하게 생각했습니다.
그는 음악이 감상 중심, 음악가의 천재성을 찬양하는 데서 벗어나 일상과
뒤섞이기를 원했습니다. 오늘날 마음에 여유를 갖고 싶을 때
그의 음악을 찾게 되는 것은 바로 이런 이유 때문 아닐까요?

파리의 어느 밤, 조용히 내리는 빗속에서 허름한 벨벳 코트를 두른 한 남자가 홀로 걷고 있습니다. 누구도 그를 알아보지 못했지만 그가 세상을 떠난 지 한 세기가 지난 지금, 그의 음악은 여전히 레스토랑과 출근길 버스, 드라마와 광고의 배경 음악으로 흐르고 있습니다.

　익숙하면서도 묘하게 낯선 4분의 3박자와 느릿한 화성 진행이 마음을 어루만지는 에리크 사티의 〈짐노페디〉는 클래식을 즐기지 않더라도 한 번쯤 들어봤을 것입니다.

　이 단순하면서도 아름다운 음악이 만들어진 배경에는 음악 역사상 가장 독특하고 기이한, 그러나 누구보다 진실했던 한 예술가의 삶이 있었습니다.

몽마르트르 피아노맨의 엉뚱한 일상

1866년, 프랑스 해안마을 옹플뢰르에서 태어난 사티는 어머니를 일찍 잃고, 아버지의 재혼 뒤 파리로 이주합니다. 어린 사티는 파리 음악원 예비 과정에 들어가지만, 곧 그곳의 권위와 규범에 숨이 막혔습니다.

"음악원이란 감옥 같다"라는 그의 회고처럼 몇 번이나 시험에 낙제했고, 결국 불성실한 학생이라는 낙인이 찍혔죠. 그에게 음악이란 당시 유행하던 대규모 오페라나 화려한 소나타가 아니라, 일상과 꿈을 담은 '조용하지만 어딘가 묘한 선율'에 더 가까웠습니다.

결국 사티는 1887년, 21세가 되던 해에 음악원을 벗어나 몽마르트르 언덕으로 향했습니다. 그곳은 시인과 화가, 음악가, 거리의 떠돌이들이 뒤섞인 자유와 상상의 용광로였어요. 사티는 카페에서 피아노를 치며 생계를 이어갔죠.

그의 친구들은 그를 '파리에서 가장 가난한 음악가', '최고의 악동'이라고 불렀고, 사티는 '카페 음악도 예술'이라며, 독창적인 음악 어법을 발전시킵니다.

돈을 벌기 위해 밤마다 카페에 출근한 사티는 드뷔시의 곡을 연주하거나 즉석에서 대중가요와 장난스러운 멜로디를 만들곤 했습니다. 그러면서도 '진짜 음악은 일상과 맞닿아야 한다'고 믿

예술가들의 사교 장소였던 '검은 고양이' 카페

었죠.

　그는 단 하루도 피아노를 쉬지 않았고, 가난 속에서도 (종교 기관이라기보다 예술적 선언에 가까운) 교회를 만들어 음악 감독을 했으며, 신비주의 종교 모임 '장미 십자회'의 예식 음악 작곡가, 거리의 만담꾼으로 활동하며 파리 예술가들의 네트워크를 이끄는 유쾌한 예술가가 됩니다.

　음악원 교육은 물론 서양 음악계에 대한 야심조차 버린 그는 엄밀한 규칙이나 화성을 거부했으며, 반복과 변주를 자유자재로 배치해 어디에도 없는 분위기의 피아노곡을 쏟아냈습니다. 바로 그때, 그 유명한 〈짐노페디〉가 탄생합니다.

공간을 감싸는 음악의 유쾌한 반란

사티가 '가구 음악'이란 발상을 처음 내놓은 것은 1917년이었습니다. 그는 사람들이 음악회장에서처럼 조용히 앉아 집중해서 음악을 듣는 장면을 회의적으로 바라봤죠.

'왜 음악은 언제나 주인공이어야 할까? 벽지처럼 방에 스며들고, 가구처럼 자연스럽게 존재하면 안 될까?' 이런 질문 끝에 사티는 '음악적 가구'라는 용어를 만들어냅니다. 그는 음악이 기존의 감상 중심, 음악가의 천재성을 찬양하는 데서 벗어나 일상의 소리, 대화, 움직임 등과 뒤섞이기를 원했습니다.

사티는 한 전시회에서 다소 황당한 퍼포먼스를 벌이기도 했어요. 관객들이 떠들고 있는 와중에 사티가 음악을 연주하자 사람들이 조용히 음악에 집중해 감상하기 시작했고, 그때 크게 소리쳤죠.

"대화를 중단하지 마세요! 음악은 소파나 테이블처럼 여러분의 공간 속에서 울리라고 만든 겁니다!"

이렇듯 사티의 가구 음악은, 듣는 이가 음악을 일상생활의 자연스러운 일부로 받아들이기를 바랐던 실험적 음악이었습니다.

〈짐노페디〉는 가구 음악과 닮았으면서도, 사티의 시적이고 명상적인 세계가 오롯이 담긴 곡입니다. 1888년, 몽마르트르의 서늘한 밤에 작곡한 이 곡은 때로는 너무 느려서 지루하기까지하지만, 바로 그 '느림' 속에서 공간을 감싼다는 사티의 음악적 철학이 느껴집니다.

〈짐노페디〉의 멜로디는 단순합니다. 4분의 3박자의 간결한 왈츠 리듬에 절제된 음의 반복이 전부입니다. 특별한 기교는 없지만 듣는 이로 하여금 소리와 침묵 사이에 존재하는 쓸쓸함, 위로, 아늑함의 감정을 느끼게 하죠. 사티는 곡의 제목에 '느리게, 비통하고 엄숙하게' 같은 감정적 연주법을 적어두기도 했습니다.

〈짐노페디〉를 배경 음악으로 틀면 방의 공기나 그림자, 따뜻한 조명이 음악에 스며드는 느낌이 듭니다. 뚜렷한 존재감은 없지만 공간의 결을 바꾸는 힘, 이것이 바로 가구 음악의 실현 중 하나라고 그는 생각했습니다.

인생을 뒤흔든 사랑과 상실

사티의 인생을 가장 치열하게 흔든 것은 바로 화가이자 이웃이었던 쉬잔 발라동과의 사랑이었습니다. 이들은 1893년, 사티가 몽마르트르에서 가난한 카페 피아니스트로 살아가던 시절에 만났습니다. 같은 건물의 이웃이 된 젊은 화가 쉬잔 발라동과 사티는 곧 친구가 됐고, 사티의 적극적인 구애로 연인이 됐죠.

사티의 연인이었던 쉬잔 발라동과 그녀가 그린 〈에리크 사티의 초상〉

발라동은 피카소와 툴루즈 로트레크 등 당대 예술가들의 뮤
즈였던 자유로운 영혼이었습니다. 사티는 그녀를 '거룩한 백합'
이라고 부르며 사랑했고, 그 애틋함은 금방 파리 예술계에 화제
가 될 정도였습니다.

그러나 이 사랑은 오래가지 않았어요. 발라동이 어느 날 아침
사티에게 "이대로면 충분해"라는 쪽지를 남기고 사라져버렸거든
요. 사티는 그녀의 이별 편지를 평생 간직했고, 이후 결혼하지 않
았으며, 공개적으로 연애하지도 않았다고 알려져 있습니다.

이 짧고 격렬한 연애는 사티의 음악 세계에도 뚜렷한 흔적을 남겼습니다. 이별의 고통과 사랑의 상실, 몽마르트르의 외로움이 그의 피아노 작품 전반에 '묘한 쓸쓸함'과 '고요한 그리움'으로 배어들었죠. 특히 〈짐노페디〉와 〈그노시엔느〉 시리즈에서 이런 감정이 고스란히 나타납니다.

느린 템포와 비에 젖은 듯한 화성, 담백하면서도 멀리서 들려오는 듯한 그리움의 선율은 사랑과 이별, 고독을 앓은 사티의 심정을 투영합니다. 막연한 우울감이 아니라 한 사람의 진실한 삶과 감정이 오롯이 담겨 있기에 지금도 누군가는 사티의 음악에 위로받고, 누군가는 쓸쓸한 오후에 잔잔한 꿈을 꾸게 되는 것이 아닐까요?

전통과 한계를 뛰어넘은 어지러운 혁명

사티는 음악이란, 자신만의 농담이어야 한다고 주장했습니다. 그래서인지 겉으론 밝고 유쾌해 보여도 음악에는 일상에서 맞닥뜨린 '소소하지만 우습고 서글픈 순간'들이 녹아 있죠.

사티의 작품들은 제목부터 기이한 곡들이 많습니다. 예를 들어 〈개를 위한 엉성한 전주곡〉이라든지 "팔을 구름처럼 움직여라" 같은 주석이 적힌 피아노곡처럼, 아무리 봐도 정확한 뜻을 알기 힘든 엉뚱한 작품명과 연주 지침이 가득합니다.

1917년, 발레 〈파라드〉의 초연은 파리 예술계의 전설 중 하나로 남아 있습니다. 대본에는 장 콕토, 무대 미술가에는 피카소, 무용수에는 마신 등 여러 예술가가 합작한 작품이었죠.

초연 당일, 관객들은 피카소가 그린 기묘하고 화려한 입체파 무대와 의상, 배우들의 느닷없는 소품, 낯선 발레단의 여유로운 움직임에 당황했습니다. 그러나 진짜 충격은 음악이 시작되면서부터였어요.

오케스트라 박스를 채운 악기와 피아노 소리뿐만 아니라 타자기, 권총, 사이렌, 병따개, 우유 통 등 상상조차 못했던 소리가 쏟아져 나오기 시작했습니다. 무대 위에선 '미국 소녀', '마법사', '중국의 곡예사'와 같은 초현실적인 인물들이 번갈아 등장해 풍자와 익살의 환상적인 이미지를 펼쳐냈죠.

한마디로 난장판이었습니다. 일부 관객들은 깔깔거리며 웃거나 야유를 퍼부었고, 청년 예술가들은 박수를 치며 브라보를 외쳤습니다. 평론가들은 "저게 과연 발레인가", "타자기와 병따개가 왜 오케스트라에 섞인 거지?"라며 난감해했지만, 일부 미술 평론가들은 "이것이야말로 미래의 예술"이라고 주장하기도 했죠.

이날의 파격적인 초연은 단지 음악사에 남는 해프닝 이상의 의미를 가집니다. 오케스트라의 전통적 한계를 깨고, 일상의 소음과 생활의 질감을 예술의 일부로 받아들인 것이죠. 피카소의 입체파 미술과 콕토의 몽환적 대본, 사티의 유머와 혁신이 한데 어우러진 이 작품은 현대음악과 미술, 무용, 연극 모두에 커다란 영감을 주었습니다. 훗날 존 케이지와 브라이언 이노 등 아방가르드 음악가들 그리고 재즈와 영화 OST에까지 사티의 실험 정신이 전해진 데는, 이 밤의 작고 어지러운 혁명 덕이 컸습니다.

실제로 초연 이후 발레 〈파라드〉는 20세기 예술 혁명의 상징이 됐고, 지금도 세계 발레사에서 잊을 수 없는 초연으로 기억됩니다.

느림과 여백으로 가득한 휴식 같은 음악

"나는 단순해지고 싶었다. 그런데 단순함이란 어렵다."

사티가 남긴 이 말은 그의 모든 음악을 관통합니다. 누군가는 사티의 음악이 쉽고 평범하다고 말하지만, '진짜 삶'을 음악에 옮기려는 오랜 탐구와 수십 번의 시행착오 끝에 도달한 결과라는 것을 몰라서 하는 말이에요.

그의 곡 〈벡사시옹〉은 단 세 줄의 음악이 840번이나 반복됩니다. 이 곡은 인간의 집중과 지루함, 해탈과 농담 사이를 오가는 오늘날의 실험 음악과 미니멀리즘의 본보기라고 할 수 있죠.

사티는 생전에 라벨, 스트라빈스키, 피카소 등과 같은 예술가들과 깊은 우정을 나눴습니다. 음악원 시절에는 실패만 했던 그

화가 산티아고 루시뇰이 그린 에리크 사티의 스튜디오

가 몽마르트르의 카페 피아니스트 생활을 거쳐 파리 예술계의 '전설'로 자리 잡게 된 것이었죠. '레 식스Les Six' 같은 프랑스 현대음악가 모임과도 돈독한 관계를 유지했고, 나중에는 현대음악의 아버지라는 별명을 얻기도 했답니다.

그러나 사티의 말년은 결코 화려하지 않았습니다. 그는 끝까지 몽마르트르 근교의 작은 집에서, 검소하게 그러나 자유롭게 살았습니다. 가난과 건강 악화에도 언제나 '음악은 삶을 위한 친구'라고 말했죠.

사티는 삶과 예술에서 거창한 미학이나 이념 대신 작은 일상과 자유롭게 느끼는 것을 소중하게 생각했습니다. 그의 느림과 여백, 남들과 달랐던 짧은 시와도 같은 선율들은 오늘날 복잡한 세상에서 잠시 마음을 쉬고 싶을 때 들을 수 있는 휴식과도 같은 명곡으로 남아 있답니다.

추천 플레이리스트 ————————•————————————————

- 1888년에 작곡된 3개의 피아노곡으로, 가구 음악의 철학이 담긴 명곡 〈**짐노페디 1번**〉
- 발라동을 위해 작곡한, 애틋한 가사와 사랑스러운 멜로디의 〈**그대를 원해**〉
- 짧은 주제를 840번이나 반복해야 하는 현대 실험 음악의 본보기 〈**벡사시옹**〉
- 마디 구분이 없는 자유로운 리듬과 이국적인 선율이 특징인 〈**그노시엔느 1번**〉

침묵으로 진실을 말한 작곡가

<u>쇼스타코비치</u>

스탈린의 표적이 된
천재 음악가의 인생은?

음악은 진실을
말하는
마지막 수단이지.

쇼스타코비치는 소련 체제를 옹호하는 충직한 예술가처럼 보였지만,
그 선택은 살아남기 위한 전략에 가까웠습니다. 실제로 그는 가까운 이들에게
이중적인 삶에 대한 괴로움을 숨기지 않았죠. 그는 여전히 음악 밖에서는
두려움을 품었고, 오직 음악 안에서만 진실을 말할 수 있었습니다.

1936년의 어느 겨울밤, 한 남자가 옷을 입은 채 침대 위에 누워 있습니다. 문밖에서 들려오는 작은 발소리에도 그의 심장은 요동칩니다. 그의 발치에는 언제든 끌려갈 준비가 된 가방 하나가 놓여 있습니다. 이 남자의 이름은 드미트리 쇼스타코비치.

　당대 소련이 낳은 최고의 천재 작곡가였던 그는 아이러니하게도 매일 밤 자신의 장례식을 준비하며 잠이 들었습니다. 관영 신문 〈프라우다〉에 실린 혹평이 그의 운명을 벼랑 끝으로 내몰았기 때문입니다.

　스탈린의 분노가 담긴 이 기사는 사실상 숙청 예고장이나 다름없었습니다. 그의 음악에 관한 찬사는 비난으로 바뀌었고, 친구들은 그를 외면했습니다. 이때 그는 저항 대신 '음악적 이중언어'라는 기묘한 생존 방식을 선택합니다. 이제 그의 악보 속에 숨겨진 진실의 목소리를 들어볼 차례입니다.

혁명의 아이, 모스크바의 신동

드미트리 쇼스타코비치는 1906년 9월 25일, 러시아 제국의 상트페테르부르크에서 태어났습니다. 석유 회사에 다니던 아버지와 피아니스트였던 어머니 사이에서 자란 그는 일찍부터 비범한 재능을 보였습니다. 여덟 살에 피아노를 시작해 13세에 상트페테르부르크 음악원에 입학한 쇼스타코비치는 말 그대로 혁명의 아이였죠.

그가 음악원에 다니던 시절, 러시아 제국은 붕괴하고 붉은 혁명의 파도가 도시를 덮쳤습니다. 굶주림과 추위로 손가락이 얼어붙는 고통 속에서도 그는 연습을 멈추지 않았습니다. 1926년, 불과 19세의 나이에 발표한 〈교향곡 1번〉은 유럽 음악계를 단숨에 뒤흔들었습니다. 소련 정부는 이 젊은 천재를 '사회주의가 낳은 새로운 영웅'이라며 환호했죠.

초기의 쇼스타코비치는 자유로웠습니다. 그는 실험적인 조성과 강한 리듬, 날카로운 풍자를 결합한 독특한 음악을 구현했습니다. 내성적이고 예민했던 성격은 그의 음악에 유머와 냉소라는 독특한 결을 더해주었죠.

하지만 젊은 예술가가 누린 자유 시간은 그리 길지 않았습니다. 체제가 그에게 요구한 것은 예술적 자율성이 아니라, 당의 이념을 선전할 화려한 나팔 소리였기 때문이죠.

'소련 오페라의 새 얼굴'에서 '인민의 적'으로

1934년, 그의 오페라 〈므첸스크의 맥베스 부인〉이 초연됐을 때만 해도 그는 승승장구했습니다. 살인과 성적 억압 그리고 인간의 비참한 욕망을 적나라하게 묘사한 이 파격적인 작품에 대중은 열광했고, 언론은 그를 '소련 오페라의 새 얼굴'로 치켜세웠죠.

하지만 이 예술적 성공은 그에게 치명적인 흠집으로 작용합니다. 쇼스타코비치는 국가의 이상을 찬양하지 않았고, 체제의 아름다움을 말하지 않았습니다. 그 대신 인간의 본능과 사회의 모순을 직시했고, 이는 당시 소련이 요구하던 '사회주의 리얼리즘'의 방향과는 정면으로 어긋나는 것이었습니다.

그리고 이 균열은 곧 현실이 됩니다. 1936년 1월, 스탈린이 극장에서 〈므첸스크의 맥베스 부인〉을 관람했다는 소식이 알려졌죠. 그는 공연이 끝나기도 전에 자리를 박차고 나갔고, 며칠 뒤 관영 신문 〈프라우다〉에 실린 사설에는 작곡가의 이름을 직접 언급하진 않았지만, 작품 전체를 '혼란스럽고 불쾌하며 대중과 동떨어진 음악'이라는 혹평이 실렸습니다.

쇼스타코비치는 하루아침에 '인민의 적'으로 전락했습니다. 그는 비밀경찰의 발소리를 기다리며 매일 밤을 지새웠습니다. 이 극심한 공포 속에서 탄생한 작품이 바로 〈교향곡 5번〉입니다.

웅장한 피날레와 승리의 함성이 울려 퍼지는 이 곡은 겉보기

СУМБУР ВМЕСТО МУЗЫКИ

1936년 1월 28일 관영 신문 〈프라우다〉에 실린 사설, '혼란 대신 음악'

에 체제에 관한 반성문처럼 들립니다. 당국은 그제야 "쇼스타코비치가 정신을 차렸다"며 만족했습니다.

하지만 훗날의 비평가들은 이 승리가 '강요된 환희'였다고 지적합니다. 마지막 악장의 지나치게 반복되는 리듬은 마치 총구 앞에서 억지로 웃는 광대의 미소처럼 공허하죠.

이때부터 그의 음악은 '이중 언어'가 됐습니다. 겉으로는 체제에 충실한 척하면서도, 그 안에는 개인의 슬픔과 저항의 코드를 숨겨둔 것이죠. 그는 "나는 늘 두 개의 거울을 마주 보고 산다"라고 털어놓으며 고독한 사투를 이어갔습니다.

외부의 적, 내부의 공포와의 끝없는 투쟁

1941년, 나치 독일의 침공으로 레닌그라드(상트페테르부르크의 옛 이름)가 포위됐습니다. 굶주림과 추위로 수백만 명이 죽어가는 비극 속에서 쇼스타코비치는 도망치지 않았습니다. 그는 의용 소방대원이 되어 지붕 위에서 폭탄의 불길을 껐습니다. 방화 헬멧을 쓴 그의 모습은 전 세계 잡지에 실리며 저항의 상징이 되었죠.

폭격의 굉음 속에서 완성된 〈교향곡 7번 '레닌그라드'〉는 전쟁사에서 가장 감동적인 장면을 연출했습니다. 1942년 8월, 굶주림에 지친 레닌그라드 단원들이 모여 이 곡을 초연한 것이죠. 연주 도중 악기를 들 힘이 없어 쓰러지는 단원도 속출했지만, 스피커를 통해 도시 전체에 울려 퍼진 이 음악은 독일군조차 경악하게 만든 정신적 승리였습니다.

음악은 웅장했고 청중은 열광했으며 정부는 이 곡을

1942년 〈타임〉 표지를 장식한
'소방관 쇼스타코비치'

체제의 승리로 포장했습니다. 하지만 정작 쇼스타코비치는 한동안 침묵했습니다. 그리고 "이 곡은 이미 나치 침공 전부터 구상됐으며, 나치뿐만 아니라 인간의 영혼을 파괴하는 모든 독재와 억압을 향한 진혼곡"이었다고 회고했죠. 그에게 전쟁은 외부의 적뿐 아니라 내부의 공포와도 싸우는 끝없는 투쟁이었습니다.

음악으로만 말할 수 있었던 진실

1948년, 소련 음악계는 다시 얼어붙습니다. 스탈린의 오른팔이자 문화 담당 고위 간부였던 안드레이 즈다노프가 '음악은 사회주의 건설에 이바지해야 한다'면서 예술가들을 검열하고, 비판했기 때문이죠.

이때 소련 작곡가들이 가장 두려워했던 단어가 바로 '형식주의'였습니다. 형식주의라는 비판은 '음악이 형식에만 치우쳐 있고, 사회주의 현실이나 집단의 감정을 제대로 담지 않았다'는 의미로, 사실상 당의 뜻대로 음악을 쓰지 않았다는 정치적인 낙인이었죠.

한 번 형식주의자로 지목되면 작품 발표가 금지됐고, 직장에서 쫓겨났으며, 심지어 생명까지 위협받을 수 있는 무서운 결과가 뒤따랐습니다. 쇼스타코비치도 역시나 표면적으로는 단정한

306

음악을 쓰면서도, 그 안에 자기 목소리를 숨겨야 했습니다. 그는 어린이를 위한 곡이나 영화 음악, 편곡 등 '안전한' 장르에서 활동하며 생계를 이어갔습니다.

1953년, 스탈린이 사망하면서 수십 년을 이어온 공포와 숙청의 체제가 막을 내리고, 소련은 이른바 해빙기에 들어섭니다. 검열은 다소 완화됐고, 예술가들은 말할 기회를 다시 얻은 듯 보였습니다.

쇼스타코비치 역시 오랜 침묵을 깨고 〈교향곡 10번〉을 발표합니다. 작품은 격렬한 리듬과 불안정한 동기 그리고 어딘지 모를 조용한 분노를 담고 있었죠.

해빙기에도 그의 삶은 해방되지 않았습니다. 쇼스타코비치는 소비에트 작곡가 동맹의 대표를 맡고, 공산당에 입당하며, 국가 훈장을 수여받는 체제의 얼굴로 등장합니다. 공식 행사에서 그는 체제를 옹호하는 발언을 하고, 국영 신문에 칼럼을 기고하며, 국제무대에서 소련을 대표하는 문화인으로 활동했습니다.

이는 분명 충직한 예술가처럼 보였지만, 그 선택은 자발적이라기보다 살아남기 위한 전략에 가까웠습니다. 실제로 공산당에 입당한 후, 그는 가까운 이들에게 "입당 서류에 서명한 날이 인생에서 가장 비참했다"라고 털어놓았고, 이중적인 삶에 대한 괴로움을 숨기지 않았죠. 그는 여전히 음악 밖에서는 두려움을 품었고, 음악 안에서만 진실을 말할 수 있었습니다.

1975년, 쇼스타코비치는 조용히 세상을 떠났습니다. 장례식

1950년대 피아노를 연주하는 쇼스타코비치

은 국장으로 치러졌고, 체제는 그를 충직한 예술가로 칭송했습니다. 하지만 그가 남긴 15개의 교향곡과 수많은 실내악곡은 단순한 칭송을 거부하는 듯합니다. 그의 선율이 때로는 비명처럼 날카롭고, 때로는 침묵처럼 무겁게 느껴지기 때문이죠.

쇼스타코비치는 음악을 통해 모든 것을 말하지 않았습니다. 그 대신 말하지 않은 것으로 더 많은 이야기를 건넸습니다. 검열이라는 거대한 벽 뒤에서 그가 보낸 암호 같은 선율들은 오늘날에도 청중의 가슴 속에서 함께 울리고 있습니다.

새로운 음악 질서를 창조한 현대음악의 상징

스트라빈스키

첫 연주회에서
폭동이 일어난 이유는?

음악이
표현하는 것은
오직 음악일 뿐.

러시아 제국에서 태어나 프랑스에서 불꽃을 피우다, 미국에서 생을 마친 작곡가.
스트라빈스키의 삶은 한 장소에 머물지 않았고, 그의 음악 역시 어떤 양식에도
오래 머물지 않았습니다. 시대가 바뀔 때마다 새로운 옷을 입었던 그는
왜 끊임없이 변화를 추구했을까요?

스트라빈스키는 하나의 얼굴을 하고 있지 않았습니다. 〈불새〉를 작곡한 사람과 〈시편 교향곡〉을 쓴 사람 그리고 12음 기법으로 〈레퀴엠 칸티클〉을 남긴 사람은 분명히 한 사람이었지만, 서로 다른 얼굴을 하고 있었죠. 시대가 바뀌면 음악이 바뀌었고, 음악이 바뀌면 자신도 바꾸었습니다.

이고르 스트라빈스키는 러시아 민속주의와 원시주의에서 시작해 신고전주의, 종교음악 그리고 쉰베르크가 개척한 12음 기법까지 아우르며, 20세기의 거의 모든 음악 사조를 한 번씩 통과했습니다. 그러나 어디에도 정착하지 않았습니다. 자신이 과거에 머물던 자리를 부정하면서 다음으로 나아갔고, 그렇게 음악의 흐름보다 한 걸음 앞서 걸었습니다.

그의 인생을 따라가다 보면 음악의 역사가 보입니다. 현대음악이 어디에서부터 출발했고, 어떻게 분화됐는지를 보여주는 가장 생생한 지도, 그것이 바로 스트라빈스키라는 인물입니다. 그리고 그 지도에는 한 가지 공통된 도상이 있었으니, 바로 '변화' 입니다.

음악사의 전설이 된 '봄의 제전'

스트라빈스키는 1882년, 러시아 제국의 상트페테르부르크 인근 오라니엔바움(현 로모노소프)에서 태어났습니다. 마린스키 극장의 베이스 가수였던 아버지 표도르 덕에 어린 스트라빈스키는 자연스럽게 음악과 가까운 환경에서 자랐지만, 음악가가 될 생각은 없었기에 상트페테르부르크 대학에서 법률을 공부했죠. 하지만 피는 속일 수 없었던 것일까요? 그는 결국 음악으로 눈을 돌리게 됩니다.

결정적인 전환점은 림스키코르사코프와의 만남이었습니다. 아버지와 인연이 있었던 이 러시아 음악계의 거장은 스트라빈스키의 작곡 노트를 보고 흥미를 느꼈고, 정식 수업은 아니었지만 개인적으로 작곡을 지도해주기 시작합니다.

림스키코르사코프의 가르침은 엄격했습니다. 화성과 대위법, 오케스트레이션 기법까지 스트라빈스키는 고전적인 작곡술의 근본을 철저하게 배웁니다. 림스키코르사코프에게 배운 덕분에 수없이 변하는 음악의 겉모습 아래에서 구조라는 중심을 잡을

발레 뤼스의 단장을 지낸 세르게이 댜길레프

수 있었죠.

　1909년, 그는 파리를 중심으로 활동하던 러시아 발레단 '발
레 뤼스'의 단장 댜길레프와 인연을 맺으며, 본격적인 작곡가의
길로 들어섭니다. 댜길레프는 스트라빈스키에게 러시아 전통과
민속적 소재를 파격적이고 현대적인 감각으로 되살린 발레 음악
을 주문했고, 그렇게 등장한 작품이 〈불새〉입니다. 이 곡은 프랑
스 파리에서 초연되어 대성공을 거두며, 젊은 작곡가 스트라빈
스키를 일약 세계적인 스타로 만들었습니다.

그의 음악은 색채가 풍부했습니다. 관현악은 화려하게 빛났고, 러시아 전통 선율은 신비로운 조명 아래에서 춤을 추었습니다. 이후 〈페트루시카〉에서 그는 더 강렬한 리듬과 구조의 실험을 선보였고, 마침내 1913년 〈봄의 제전〉으로 폭발적인 전환점을 맞습니다.

〈봄의 제전〉은 음악사에서 하나의 전설입니다. 초연 당시, 파리의 샹젤리제 극장에서 관객들은 처음 들려오는 강박적인 리듬과 불협화음에 혼란을 느꼈고, 공연 도중 야유와 고성이 터져 나왔습니다. 어떤 사람들은 의자에서 일어나 항의했고, 또 어떤 사람들은 무대에 신발을 던졌습니다. 경찰이 출동했을 정도였고,

발레 〈봄의 제전〉 초연 당시 무용수들의 모습

공연은 사실상 소란 속에 묻혔습니다.

하지만 이 사건은 단순한 스캔들이 아니었습니다. 〈봄의 제전〉은 음악이 얼마나 강력한 원초적 힘을 지닐 수 있는지를 보여준 사건이었죠. 리듬은 폭력적이었고, 화성은 불협의 경계를 넘나들었으며, 선율은 원초적 본능을 건드렸습니다.

이 작품은 '원시주의' 음악의 대표작으로 꼽히며, 이성이 아닌 본능과 집단 무의식을 자극하는 방식으로 새로운 시대의 미학을 열었습니다. 음악은 더 이상 우아한 귀족의 것이 아니었고, 다양한 사람이 보고 듣고 충격을 느끼는 만인의 것이 되었죠.

스트라빈스키는 러시아 민속음악의 리듬과 선율을 끌어와 해체하고 재조립하면서, 현대음악의 가장 강렬한 전위에 자신을 세웠습니다. 〈봄의 제전〉은 단순히 러시아 전통의 재현이 아니라, 전통의 해체이자 새로운 음악 질서의 창조였습니다.

민속의 불꽃을 지나 신고전주의라는 얼음 위로

〈봄의 제전〉으로 20세기 음악의 문을 거칠게 열어젖힌 스트라빈스키는, 아이러니하게도 곧 고전으로 돌아섭니다. 그러나 그것은 단순한 회귀가 아니라, 전통의 탈을 쓴 또 다른 실험이었습니다. 바로 '신고전주의'라는 방향을 모색하게 된 것이죠.

신고전주의란 18세기 고전 음악처럼 격식을 갖춘 형식을 따르되, 그 안에 현대적인 감정이나 실험을 담는 방식입니다. 겉보기에는 고전처럼 단정하지만, 안을 들여다보면 전혀 다른 시대의 언어가 숨어 있죠. 혼란한 시대를 살아가던 예술가들이 고전의 틀에서 안정감을 찾으려 했던 움직임이기도 했습니다.

이 변화의 배경에는 여러 현실이 있었습니다. 제1차 세계대전의 발발로 그는 스위스로 거처를 옮겼고, 이어진 러시아 혁명으로 더는 고국으로 돌아갈 수 없게 됩니다. 후원자와 연주 기회가 줄어든 그는 작은 편성의 실내악에 집중할 수밖에 없었고, 동시에 격동의 시대 속에서 '질서와 균형'이라는 고전적 가치를 새롭게 바라보게 된 것이죠.

이 시기 스트라빈스키는 스위스에서 〈병사의 이야기〉를 작곡합니다. 이 작품은 단 두 명의 배우와 몇 명의 연주자만으로 구성되며, 악마와 계약한 병사의 이야기를 바탕으로 삶과 선택 그리고 운명의 아이러니를 다룹니다.

소규모 앙상블, 절제된 구성, 집약적인 리듬과 선율…. 이 모든 요소는 그가 신고전주의라는 새로운 길을 찾아 나섰음을 보여줌과 동시에 예술과 생계의 현실 사이에서 줄타기하던 스트라빈스키의 절박함과 전략을 고스란히 담아냈습니다.

그가 본격적으로 신고전주의의 흐름에 들어선 것은, 1920년대 파리로 이주하면서부터입니다. 스트라빈스키는 이 시기 〈풀치넬라〉, 〈피아노 협주곡〉, 〈신포니아〉 등에서 18세기 음악의 형식과 어법을 차용합니다.

하지만 그 차용은 복고적인 재현이 아닌 재조립이었죠. 그는 과거의 형식을 인용하면서도 그 안에 현대적인 조성과 리듬, 불협화음을 삽입해 전혀 다른 감각을 만들어냈습니다.

예컨대 〈풀치넬라〉는 18세기 이탈리아 작곡가 페르골레지와 동시대 작곡가들의 음악을 바탕으로 한 발레 음악이지만, 스트라빈스키는 원곡을 그대로 쓰지 않았습니다. 선율을 뒤틀고, 화음을 조정했으며, 리듬을 변형했죠. 그래서 〈풀치넬라〉는 18세기 이탈리아 음악처럼 들리지만, 안을 들여다보면 철저히 20세기적입니다.

또 그는 종교음악에도 관심을 기울입니다. 〈시편 교향곡〉이나 〈미사〉 같은 작품은 단순히 신앙의 표현이 아니라, 구조적 균형과 음향의 밀도를 실험한 결과물이기도 합니다. 그 안에는 고전적인 균형과 현대적인 긴장이 공존합니다. 성가대는 경건하게 노래하지만 화음은 예기치 않은 방향으로 전개되고, 리듬은 의도적으로 비틀립니다.

신고전주의 시기의 스트라빈스키는 어느 때보다도 질서를 사랑했습니다. 그는 감정을 해체했고, 형식을 조율했으며, 장르를 넘나들며 음악의 기하학을 추구했습니다. 예술가의 자의식보다 작품의 구조를 우선시했고, 낭만적인 서사를 경계했습니다. 그래서 이 시기의 그는 차가워 보이기도 합니다. 그러나 그 차가움은 깊은 절제의 산물이며, 그의 음악이 갖는 지적 매혹의 원천이기도 합니다.

러시아 민속의 불꽃을 지나, 이제 그는 신고전주의라는 얼음 위에 섰습니다. 하지만 그 얼음 안에도 여전히 불이 있었습니다. 스트라빈스키는 변했지만, 여전히 스트라빈스키는 스트라빈스키였습니다.

두 개의 집과 이중생활

스트라빈스키의 삶은 언제나 두 개의 축 위에서 움직였습니다. 고전과 실험, 질서와 혼돈, 종교와 세속 그리고 무엇보다 가정과 연애 사이였습니다. 그는 평생 한 여인의 남편이었지만, 동시에 많은 여인의 연인이었습니다.

1906년, 그는 어린 시절부터 알고 지내던 사촌인 예카테리나 노센코와 결혼합니다. 러시아 정교회는 아주 보수적이었기 때문에 사촌 관계인 것을 속이고 몰래 결혼했죠.

다소 험난한 과정과는 달리 결혼 생활은 조용하고 안정적이었습니다. 그녀는 네 아이를 낳고 내조에 헌신했습니다. 특히 스트라빈스키가 러시아를 떠나 망명한 이후에도 예카테리나는 가

318

스트라빈스키의 연인이었던 베라 드 보세

족을 돌보며 프랑스, 스위스 등 여러 도시를 함께 옮겨 다녔습니다. 하지만 스트라빈스키의 애정은 한곳에 머무르지 않았죠.

대표적인 인물이 베라 드 보세입니다. 그녀는 음악적 감각이 뛰어난 무용수였고, 남편이 있는 유부녀였습니다. 스트라빈스키와는 1920년대 중반부터 지속적인 관계를 이어갑니다.

예카테리나는 스트라빈스키의 외도를 일찍이 눈치챘지만, 끝까지 모르는 척하며 결혼 생활을 유지합니다. 하지만 1939년 예카테리나가 폐결핵으로 사망한 뒤, 스트라빈스키는 베라와 정식으로 재혼하죠.

그리고 세간에 알려진 그의 가장 유명한 연인으로는, 명품 브랜드 샤넬의 창립자이자 디자이너인 코코 샤넬이 있습니다. 둘의 관계는 영화로 제작될 만큼 대중의 관심을 끌었죠.

그 인연은 1920년 무렵, 스트라빈스키가 프랑스로 망명한 직후 시작된 것으로 알려져 있습니다. 샤넬은 그와 그의 가족에게 파리 근교의 별장을 제공하며 후원했는데, 이러한 사실이 와전되면서 두 사람의 동거설로 번지게 됩니다. 이들의 관계를 입증할 만한 공식 문서나 증언은 없지만, 샤넬은 관련 질문에 부정하지 않았고, 이 때문에 '아니 땐 굴뚝'은 아니라는 해석이 뒤따랐죠.

그가 살아간 방식은 그 시대 예술가들에게 종종 허용됐던 '이중생활'의 한 형태였습니다. 공식적인 가족을 유지하면서도, 예술과 정서의 영역에서 더 강한 끌림을 좇은 것입니다. 그 모든 감정의 복잡함은 음악에 담겨 또 다른 정서를 만들었습니다.

특히 후기의 몇몇 곡들에는 낭만적인 헌사의 흔적이 남아 있습니다. 특정 여성에게 바쳤다는 표기를 따로 하지 않았지만, 어떤 곡은 베라를 위한 것이었고, 어떤 곡은 예카테리나에 대한 회한이 담긴 것으로 해석되기도 합니다.

그는 감정을 직접 고백하는 대신, 감정을 피하고 숨기며 엉뚱한 방식으로 휘감는 사람이었습니다. 음악 속 리듬처럼, 그의 사랑도 직선이 아니었습니다.

일관된 자세로 변화를 살아낸 자

1950년대, 스트라빈스키는 또 한 번의 전환점을 맞습니다. 이번에는 누구도 쉽게 예상하지 못했던 방향이었습니다. 그가 평생 회의적이었던 12음 기법을 받아들이기로 한 것이죠.

12음 기법은 아놀드 쇤베르크가 창안한 작곡 기법으로, 옥타브 안 12개의 반음을 중복 없이 사용하여 특정 조성을 피하고, 조성이 느껴지지 않는 '무조 음악'을 만들어냅니다. 당시만 해도 이 기법은 보수적인 음악가들 사이에서 실험적이고 파괴적인 것으로 여겨졌습니다. 특히 신고전주의를 지향하던 스트라빈스키와는 거리가 멀어 보였죠.

하지만 쇤베르크가 사망한 뒤, 스트라빈스키는 천천히 그 기법을 탐색하기 시작합니다. 처음에는 그저 흥미로 시작한 일이었지만, 이내 작곡의 중심이 됩니다.

1952년 작곡된 〈칸타타〉는 그 전환의 신호탄이었습니다. 이 작품에서는 아직 완전한 12음 기법은 아니지만, 특정 음열의 순서를 바탕으로 한 정돈된 구성이 눈에 띕니다. 이후 〈셰익스피어에 의한 세 개의 노래〉, 〈레퀴엠 칸티클〉 등에서는 본격적으로 12음 기법이 도입됩니다.

그러나 스트라빈스키가 받아들인 12음 기법은 쇤베르크의 방식과는 또 달랐습니다. 그는 12개의 음열을 기계적으로 나열하지 않았고, 선율적 흐름과 리듬감을 유지하면서도 그 안에 질서와 대칭을 삽입했습니다.

예를 들어 〈레퀴엠 칸티클〉에서는 음렬이 특정 테마처럼 반복되면서도, 합창과 오케스트라가 주고받는 응답 구조 속에서 입체적인 공간감을 형성합니다. 차갑고 추상적인 체계 안에서도, 그는 여전히 생생한 감각과 듣는 즐거움을 놓치지 않았습니다.

그의 이런 전환은 겉보기에는 '180도 뒤집힌 음악 인생'처럼 보일 수 있습니다. 그러나 자세히 들여다보면 이는 오히려 일관된 태도의 연속이었습니다. 그는 평생 '질서'를 사랑했고, '형식'을 실험했으며, '음악 내부의 구조'를 탐구했습니다. 12음 기법은 단지 새로운 도구였을 뿐, 그가 원래 지향하던 음악적 정신과 충돌하지 않았습니다.

스트라빈스키는 누구보다 자유로웠고, 고집스러웠으며, 질서에 집착한 사람이었습니다. 그 모든 모순을 통합해낸 것이 바로 이 시기의 음악이었습니다.

러시아 제국에서 태어나 프랑스에서 불꽃을 피우다, 미국에서 생을 마친 작곡가. 스트라빈스키의 삶은 한 장소에 머물지 않았고, 그의 음악 역시 어떤 양식에도 오래 머물지 않았습니다. 시대가 바뀔 때마다 그는 새로운 옷을 입었으나, 그 변화는 도피가 아니라 선택이었습니다. 그는 매번 음악의 가능성을 밀어붙였고, 다음 지점으로 나아갔습니다.

베네치아에서 거행된 스트라빈스키의 장례식

말년의 그는 로스앤젤레스에 머물며 미국 시민권을 취득했고, 서구 현대음악의 상징 중 하나로 남게 됩니다. 그러나 그는 언제나 국적보다 언어, 언어보다 구조, 구조보다 의지를 좇는 작곡가였습니다. 음악이란 결국 살아 있는 구성이라는 사실을, 그는 평생에 걸쳐 보여주었습니다.

1971년, 스트라빈스키는 뉴욕에서 눈을 감습니다. 그리고 유언에 따라, 시신은 베네치아의 성 미켈레 묘지에 안장됩니다. 그 곁에는 평생의 동지였던 댜길레프가 먼저 잠들어 있었죠. 무대 위에서 처음 만난 그날처럼 그들은 다시 나란히 잠들었습니다.

오늘날 그는 여전히 수많은 이름으로 회자됩니다. 러시아의 아들, 프랑스의 유령, 미국의 시민 혹은 원시주의자, 신고전주의자, 음렬주의자…. 어느 하나로 정의할 수 없기 때문입니다.

그러나 이 모든 이름 아래에는 단 하나의 태도만이 있었습니다. 변화하되 중심을 잃지 않는 음악가. 스트라빈스키는 그렇게 변화하는 얼굴을 가진 단 하나의 작곡가로 기억됩니다.

추천 플레이리스트 ─────●────

- 러시아 민속주의에 기반을 두면서도 신비롭고 이국적인 색채를 가득 담아낸 〈불새〉 중 '코셰이 왕의 죽음의 무도'
- 음악사에서 가장 충격적인 초연 〈봄의 제전〉 중 '봄의 전조'
- 신고전주의라는 차가운 얼음 위에 선 스트라빈스키의 전환점을 보여주는 〈풀치넬라〉 중 '서곡'
- 말년에 도달한 12음 기법의 정수를 담고 있는 작품 〈레퀴엠 칸티클〉

참고 자료

1. 참고 도서

- 금난새 저, 《금난새의 클래식 여행 1》, 아트북스, 2012
- 김문환 저, 《바그너의 생애와 예술》, 느티나무, 2006
- 데이비드 비커스 저, 김병화 역, 《하이든 그 삶과 음악》, 포노PHONO, 2010
- 도날드 J. 그라우트 외 저, 민은기 외 역, 《그라우트의 서양음악사(상)》, 이앤비플러스, 2009
- 도날드 J. 그라우트 외 저, 민은기 외 역, 《그라우트의 서양음악사(하)》, 이앤비플러스, 2009
- 로맹롤랑 저, 임희근 역, 《헨델: 음악의 세계인》, 포노PHONO, 2019
- 뤽-앙드레 마르셀 저, 김원명 역, 《J S. BACH》, 경성대학교출판부, 2010
- 류인하 저, 《이지 클래식》, 42미디어콘텐츠, 2019
- 류인하 저, 《이지 클래식2》, 42미디어콘텐츠, 2019
- 민은기·신혜승 공저, 《Classics A to Z: 서양음악의 이해》, 음악세계, 2014
- 샤를 보들레르 저, 이충훈 역, 《리하르트 바그너》, 포노PHONO, 2019
- 송사비 저, 《송사비의 클래식 음악야화》, 1458music, 2021
- 시이냐 료스케 저, 최연희 역, 《에릭 사티, 이것은 음악이 아니다》, 북노마드, 2023
- 안인모 저, 《클래식이 알고 싶다: 고독하지만 자유롭게, 낭만살롱 편》, 위즈덤하우스, 2019
- 알베르트 슈바이처 저, 강해근·나진규·장견실 역, 《요한 제바스티안 바흐》, 풍월당, 2023
- 음악지우사 편저, 편집부 역, 《바그너》, 음악세계, 1999
- 음악지우사 편저, 편집부 역, 《비발디》, 음악세계, 2001
- 이채훈 저, 《모차르트 평전》, 혜다, 2023
- 조윤범 저, 《클래식 A-yo(에이-요)》, 삼호ETM, 2017
- 조현영 저, 《연표로 보는 서양 음악사》, 현암사, 2006
- 추명희·정은주 공저, 《발칙한 예술가들》, 42미디어콘텐츠, 2021
- 카미유 생상스 저, 이세진 역, 《카미유 생상스의 음악적 추억》, 아르드, 2021

- 페터 헤르틀링 저, 엄선애 역, 《슈베르트에 흘리다》, 이담북스, 2014
- 폴 뒤부셰 저, 강주헌 역, 《바흐》, 시공사, 2016
- 프리드리히 제바스 저, 김영재 역, 《요한 세바스찬 바흐》, 예솔, 2011
- 한스-요아힘 힌리히센 저, 홍은정 역, 《프란츠 슈베르트》, 프란츠, 2019
- 허영한 등저, 《새 들으며 배우는 서양음악사》, 심설당, 2009
- 홍사중 저, 《내가 사랑한 클래식》, 이다미디어, 2017
- 홍정수·김미옥·오희숙 공저, 《두길 서양음악사 1》, 나남, 2006
- 홍정수·김미옥·오희숙 공저, 《두길 서양음악사 2》, 나남, 2006
- H. C. Robbins Landon 저, 《Vivaldi: Voice of the Baroque》, Thames and Hudson, 1993
- Hogwood, Christopher 저, 《Handel》. Thames and Hudson, 1984
- Landon, H. C. Robbins 저, 《Haydn at Eszterhaza, 1766-1790》. Thames and Hudson, 1995
- Landon, H. C. Robbins 저, 《Haydn: The Years of "The Creation," 1796-1800 (Haydn: Chronicle and Works)》, Thames and Hudson, 1995

2. 참고 논문

- 강경화 저, 〈Alma-Schindler Mahler의 가곡집 「Fuenf Gesaenge」에 관한 연구〉, 이화여자대학교 대학원, 2005
- 권정성 저, 〈팔레스트리나(G, Palestrina)의 《Pope Marcellus Mass》의 분석 연구〉, 광주대학교 대학원, 2019
- 김대훈 저, 〈모차르트 레퀴엠 연구〉, 단국대학교 대학원, 2022
- 김미란 저, 〈지휘자 말러에 관한 연구〉, 숙명여자대학교 대학원, 2016
- 김민정 저, 〈리스트의 피아노곡에 나타난 종교적인 특징 연구〉, 백석대학교, 2010
- 박미지 저, 〈브람스의 「슈만 주제에 의한 변주곡 작품 9」에 나타난 슈만의 영향〉, 경성대학교 음악학부 대학원, 2011
- 박찬미 저, 〈스트라빈스키의 <병사의 이야기> 분석 연구〉, 전남대학교, 2023
- 쉬부수 저, 〈리스트의 후기 피아노 작품에내재된 인상주의적 요소 분석연구〉, 추계예술대학교 일반대학원, 2023
- 신윤철 저, 〈쇼스타코비치 교향곡 7번 <레닌그라드>를 소재로 한 '음악 감상과 비평' 지도 방안〉, 한국교원대학교 대학원, 2025
- 옌치 저, 〈말러의 《대지의 노래》 연구: 중국시어의 음악적 요소를 중심으로〉, 순천대학교대학원, 2023
- 오혜령 저, 〈비발디(Antonio Vivaldi)의 모테트 《진정한 분노에 사로잡혀》 (In furore giustissimae irae) RV 626에 관한 연구〉, 이화여자대학교 대학원, 2012
- 우쉐메이 저, 〈스트라빈스키의<봄의 제전>에 관한 연구〉, 호서대학교 대학원, 2022
- 이강민 저, 〈L. v. Beethoven의 생애와 교향곡에 대한 연구〉, 서경대학교 대학원, 2012

- 이혜원 저, 〈A.Dvorak의 교향곡 제9번 "신세계로부터"에 관한 연구〉, 중앙대학교 대학원, 2007. 서울
- 최정은 저, 〈쇼팽 「24 Preludes, Op.28」의 분석·연구〉, 단국대학교, 2005
- 탁선미 저, 〈드보르작 작품 속에 나타난 집시적인 특징 연구〉, 상명대학교 대학원, 2015
- 탕우 저, 〈음악적 모티브를 중심으로 한 로베르트 슈만의 《여인의 사랑과 생애, Op. 42》와 클라라 슈만의 《6개의 가곡들, Op. 13》의 비교연구〉, 한양대학교 대학원, 2024
- 홍진기 저, 〈요하네스 브람스의 '독일 레퀴엠'에 관한 연구〉, 중앙대학교 예술대학원, 2002
- 황정하 저, 〈쇼스타코비치의 피아노 작품에 나타난 소비에트 러시아 음악정책의 영향〉, 충남대학교 대학원, 2013

3. 참고 칼럼

- 김호정 저, 〈탄생 150년, 라흐마니노프가 사랑받는 이유〉, 중앙일보, 2023

4. 본문에 사용된 이미지

귀도 다레초
p.17   귀도 다레초 상상 초상(19세기 판화), Wikimedia Commons
p.19   〈성 그레고리우스와 비둘기 형상의 성령〉, 마티아스 스톰, 17세기 초, 바젤 시립 미술관
p.21   네우마 악보, 약 960~970년경, 스위스 아인지델른 수도원 도서관 소장 필사본

조스캥
p.25   레오나르도 다빈치(추정), 1485~1490년경, 〈음악가의 초상〉, 암브로시아나 미술관
p.27   시스티나 성당 벽 조스캥 데프레의 서명, https://linarolconsort.com/josquin-500-festival
p.33   활자를 사용해 인쇄한 조스캥 샹송 악보, 1504년, 《Harmonice Musices Odhecaton》의 수록곡 〈안녕 내 사랑들〉

팔레스트리나
p.35   작자 미상, 〈팔레스트리나의 초상화〉, 1590년경
p.40   토머스 탤리스 〈Spem in alium〉 악보, 팔레스트리나 〈교황 마르첼루스의 미사〉 악보 출처 IMSLP

비발디
p.49   작자 미상, 1723년경, 〈안토니오 비발디의 초상〉, 국제 음악 박물관 및 도서관
p.52   카날레토, 〈베네치아 대운하 입구〉, 1730년경, 휘트니 미술관

한번 시작하면 잠들 수 없는 클래식

초판 1쇄 인쇄 2026년 2월 10일
초판 1쇄 발행 2026년 3월 4일

지은이 윤진·이민규·이현도(음플릭스)
펴낸이 이경희

펴낸곳 빅피시
출판등록 2021년 4월 6일 제2021-000115호
주소 서울시 마포구 월드컵북로 402, KGIT센터 19층 1906호

ⓒ 윤진·이민규·이현도(음플릭스), 2026
ISBN 979-11-24137-11-6 (03670)